"Publiez l'œuvre telle quelle. Il n'y a pas lieu de donner une opinion quant à son origine, qu'elle soit extraordinaire ou non. Ceux qui liront comprendront".

Le Pape Pie XII
Le 26 février 1948

Code De Droit Canonique

Canon 66 « L'économie Chrétienne, par conséquent, puisque c'est l'Alliance nouvelle et définitive, ne passera jamais; et aucune nouvelle révélation publique doit être prévu avant la manifestation glorieuse de notre Seigneur Jésus Christ. » Pourtant même si la révélation est achevée, elle n'est pas faite complètement explicite; Il restera à la foi Chrétienne d'en saisir graduellement toute la portée au cours des siècles.

Canon 67 Au cours des âges, il y a eu des soi-disant révélations «privées», dont certaines ont été reconnues par l'autorité de l'église. Ils n'appartiennent pas, cependant, pour le dépôt de la foi. Leur rôle n'est pas d'améliorer ou compléter la révélation définitive du Christ, mais pour aider à vivre plus pleinement qu'elle à une certaine période de l'histoire. Guidé par le Magistère de l'église, le sensusfidelium sait discerner et accueillir dans ces révélations, tout ce qui constitue un appel authentique du Christ ou de ses saints à l'église.

La foi chrétienne ne peut pas accepter des « révélations » que la revendication de surpasser ou corriger la révélation dont Christ est la réalisation, comme c'est le cas dans certaines religions non-chrétiennes et aussi dans certaines sectes récentes qui se basent sur ces « révélations ».

La Pleine De Grâce:
Les Premières Années
Le Mérite
La Passion De Joseph
L'Ange Bleu
L'Enfance De Jésus

Suivez-Moi:
Trésor Aux 7 Noms
Là Où Il Y A Des Épines, Il Y Aura Aussi Des Roses
Pour L'amour Qui Persevere
Le Décalogue

Les Chroniques De Jésus Et Judas Iscariote:
Je Vous Vois Tels Que Vous Êtes
Ceux Qui Sont Marqués
Jésus Pleure

Lazare:
Cette Belle Fille Blonde
Les Fleurs Du Bien

Clauda Procula:
Aimez-Vous Le Nazaréen?
Le Caprice Des Moeurs De La Cour

Principes Chrétiens:
De La Réincarnation

Marie De Magdala:
Ah! Mon Aimée! Je T'ai Trouvée Enfin!

Lamb Books
Adaptations illustrées pour toute la famille

LAMB BOOKS

Publié par le Lamb Books, 2 Dalkeith Court, 45 Vincent Street, London SW1P 4HH;

Royaume-Uni, USA, FR, IT, SP, PT, DE

www.lambbooks.org

D'abord publié par Lamb Books 2013
Cette édition
001
Texte copyright @ Lamb Books Nominee 2013
Illustrations copyright @ Lamb Books, 2013
Le droit moral de l'auteur et l'illustrateur a été affirmé
Tous droits réservés
L'auteur et l'éditeur sont reconnaissants envers le Centro Editoriale Valtoriano en Italie pour avoir permis de citer le Poème de l'Homme-Dieu de Maria Valtorta, par Valtorta Publishing
Situé dans le style Bookman Old Style R
Imprimé en Grande-Bretagne par CPI Group (UK) Ltd, Croydon, CR0, 4YY
Sauf aux États-Unis, ce livre est vendu à la condition qu'il ne doit pas, par voie de commerce ou autrement, être prêté, revendu, loué ou autrement distribué sans le consentement préalable de l'éditeur, sous quelque forme que de la liaison ou de couvrir d'autres que celui dans lequel il est publié et sans condition similaire, y compris cette condition étant imposée à l'acquéreur subséquent

LAZARE:

Cette Belle Fille Blonde

LAMBBOOKS

Remerciements

Le contenu de ce livre est une adaptation du Poème de l'Homme+Dieu (L'evangile Qui M'a Été Révélé), par Maria Valtort, d'abord approuvée par le Pape Pie XII en 1948, lorsque lors d'une réunion le 26 Février 1948, vérifié par trois autres prêtres, il a ordonné aux trois prêtres présents de «publier ce travail tel quel «.

En 1994, le Vatican a tenu compte des appels des chrétiens du monde entier et a commencé à examiner le cas pour la canonisation de Maria Valtorta (Little John).

Le Poème de l'Homme-Dieu a été décrit par le confesseur du pape Pie XII comme «édifiant «. Les révélations mystiques ont longtemps été la province des prêtres et des religieux. Maintenant, elles sont accessibles à tous. Que tous ceux qui lisent cette adaptation la trouve aussi édifiante. Puisse, grâce à cette lumière, la foi être renouvelée.

Merci tout particulier au Centro Editoriale Valtortiano en Italie pour nous avoir donné la permission de citer le Poème de l'Homme-Dieu de Maria Valtorta, surnommée Little John.

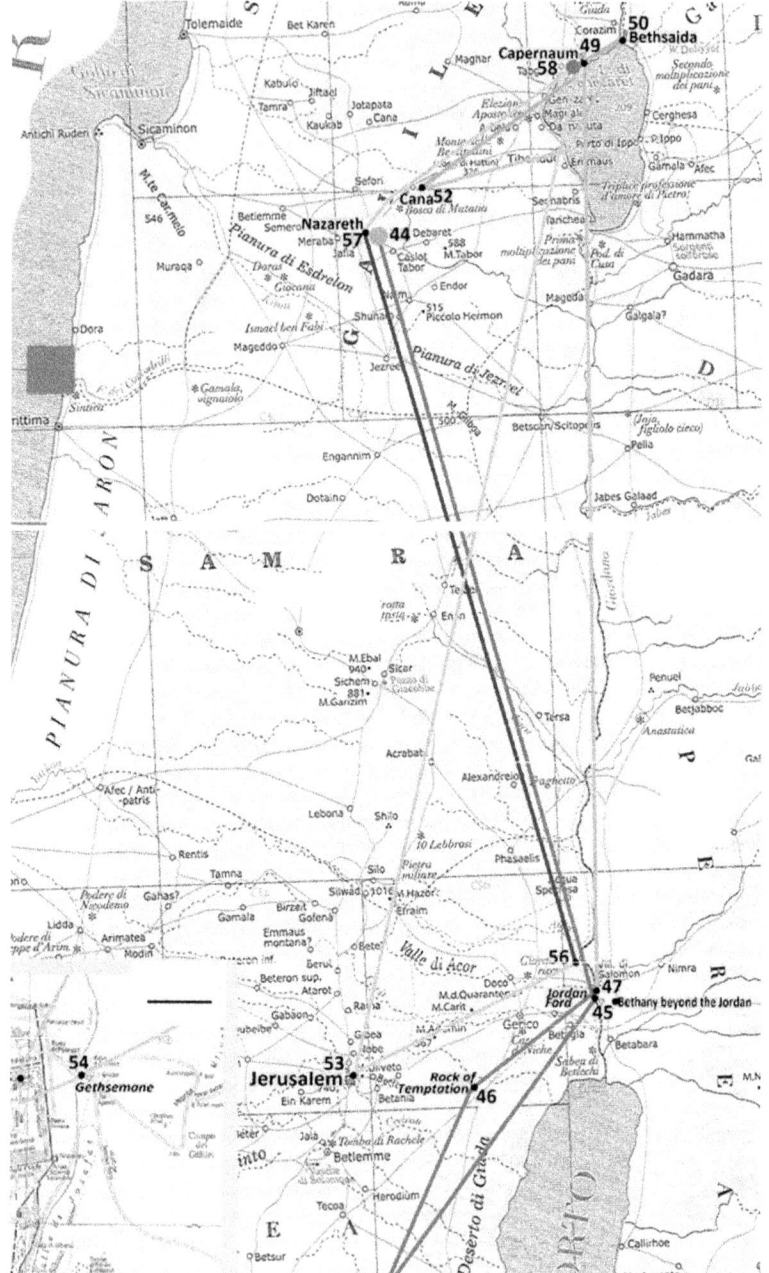

Cette Belle Fille Blonde

Contenu

Jésus Rencontre Simon Le Zélote Et Jean Avec Judas L'iscariote   12

Jésus Pleure À Cause De Judas Et Simon Le Zélote Le Réconforte   19

Jésus Rencontre Lazare De Béthanie   28

Jésus Et Isaac Près De Doco. Départ Vers Esdraelon   38

Retour À Nazareth Après Avoir Laissé Jonah   45

Le Lendemain Dans La Maison De Nazareth 57

Jésus Sur Le Lac Tibériade. Leçons À Ses Disciples Près De La Ville   66

Jésus Reçoit Des Lettres Au Sujet De Jonas Dans La Ville Côtière 80

Jésus À La Maison De Doras. Décès De Jonas   91

Jésus Dans La Maison De Lazare. Marthe Parle De La Magdaléenne   111

Jésus Rencontre Simon Le Zélote Et Jean Avec Judas L'iscariote

« Êtes-vous sûr qu'il viendra? » demande Judas Iscariote comme il se promène avec Jésus près d'une des portes dans l'enceinte du Temple.
« J'en suis certain. Il quittait Béthanie à l'aube et à Gethsémani il devait rencontrer mon premier disciple ... »
Il y a une pause. Puis, Jésus s'arrête devant Judas et le regarde et l'étudie de près. Il pose alors une main sur l'épaule de Judas et demande : « Pourquoi ne partagez-vous pas vos pensées avec moi, Judas? »
« Quelles pensées? Il n'y a rien de spécial qui occupe mon esprit présentement, Maître. Même que je Vous pose trop de questions. Vous ne pouvez certainement pas Vous plaindre de mon mutisme. »
« Vous Me posez beaucoup de questions et vous me donnez beaucoup de détails sur la ville et ses habitants. Mais vous ne vous confiez pas à Moi. Pensez-vous qu'il est important pour moi que vous me parliez de la richesse des gens et des membres de telle ou telle famille. Je ne suis pas un fainéant qui est venu ici pour passer le temps. Vous savez pourquoi je suis venu. D'ailleurs, vous devez réaliser que je suis préoccupé par le fait d'être le Maître de Mes disciples. C'est la chose la plus importante. Je veux donc de la sincérité et de la

confiance de leur part. Votre père vous aimait, Judas?»
« Il m'aimait beaucoup et il était fier de moi. Que je revenais à la maison après l'école, et même plus tard, à Kériot, quand je suis revenu de Jérusalem, il voulait que je lui dise tout. Il s'intéressait à tout ce que je faisais et il se réjouissait quand les choses allaient bien, il me réconfortait quand les choses allaient moins bien. Vous savez, si...parfois, nous faisons tous des erreurs ... si j'en avais fait une, et que j'avais été accuse pour celle-ci, il me montrait que le reproche que j'avais reçu était juste ou que mon action était injuste. Il le faisait si délicatement... qu'il me paressait comme un grand frère. Il finissait toujours en disant : « Je dis cela parce que je veux mon Judas soit juste. Je veux être béni grâce à mon fils. » Mon père... »
Jésus qui a attentivement observé à quel point Judas était affecté au rappel des souvenirs de son père, dit : « Maintenant, Judas, soyez sûr de ce que je vais vous dire. Rien ne rendra votre père plus heureux, que de vous savoir un disciple fidèle. Votre père, qui vous a élevé, comme vous l'avez dit, doit avoir été un homme juste et son âme se réjouira, où il attend la lumière, voyant que vous êtes Mon disciple. Pour le devenir, vous devez vous dire : «J'ai trouvé mon père perdu, le père qui était comme un frère pour moi, je l'ai trouvé dans mon Jésus, et je vais lui dire tout, comme je le faisais de dire à mon père bien-aimé, sur la mort duquel je suis encore en deuil, que je puisse recevoir de lui des conseils, bénédictions ou une sorte de reproche. » Que Dieu l'accorde, et par-dessus tout, comportez-vous de sorte que Jésus vous dise toujours: « Vous êtes bon. Je vous bénis. »
« Oh! Oui, Jésus! Si vous M'aimez tant, je m'efforcerai

d'être bon, comme Vous le voulez et comme mon père désirait que je le sois. Enfin, ma mère n'aura plus cette douleur lancinante dans son cœur. Avant, elle disait : « Mon fils, tu n'as plus de guide maintenant, mais tu en as encore tant besoin. » Alors qu'elle savait que je Vous avais! »

« Je vous aimerai comme aucun autre homme ne pourra vous aimer, Je vous aimerai tant et Je vous aime. Ne Me décevez pas. »

« Non, Maître, Je n'en ferai rien. J'étais plein de conflits. L'envie, la jalousie, le désir de triompher, la sensualité, tout cela s'affrontait en moi, contre la voix de ma conscience. Même jusqu'à tout récemment, voyez-Vous? Vous m'avez causé de la souffrance. Non : non, ce n'était pas vous. C'était mon mauvais caractère ... J'ai pensé que j'étais Votre premier disciple ... et, maintenant, Vous me venez de dire que Vous en avez déjà un. »

« Vous l'avez vu vous-même. Ne vous-rappelez-vous pas que Durant la Pâque j'étais au Temple avec plusieurs Galiléens? »

« Je pensais qu'ils étaient des amis... Je pensais que j'étais le premier à être choisi était donc le plus cher. »

« Il n'y a pas de distinctions dans Mon Cœur entre le premier et le dernier. Si le premier commettait une erreur et que le dernier était un saint homme, alors il y aurait une distinction aux yeux de Dieu Mais je vais aimer tout de même: je vais aimer la vie saint homme avec un amour heureux, et le pécheur avec un amour de la souffrance. Mais ici est Jean vient avec Simon. Jean, mon premier disciple, Simon, celui dont je vous ai parlé il y a deux jours. Vous avez déjà vu Simon et Jean. L'un était malade ... »

« Ah! Le lépreux! Je m'en souviens. Est-il déjà votre

disciple? »
« Depuis le jour suivant. »
« Et pourquoi ai-je dû attendre si longtemps? »
« Judas?! »
« Vous avez raison. Pardonnez-moi. »
Jean voit le Maître, le fait remarquer à Simon et ils ont hâte. Jean et le Maître s'embrassent. Au lieu de cela, Simon se jette aux pieds de Jésus et les embrasse, s'exclamant: »Gloire à mon Sauveur! Bénissez votre servant, que ses actes soient sacrés aux yeux de Dieu et que je puisse Le glorifier et Le bénir pour Vous avoir emmené à moi. »
Jésus pose sa main sur la tête de Simon : « Oui, Je vous bénis et vous remercie pour votre travail. Levez-vous, Simon. Voici Jean, et voici Simon: voilà Mon dernier disciple. Il désire lui aussi suivre la Vérité. Il est donc un frère pour vous tous. »
Ils se saluent : les deux Judéens d'un air interrogateur et Jean, chaleureusement.
« Êtes-vous fatigué, Simon? » demande Jésus.
« Non, Maître. Avec ma santé, j'ai retrouvé une vitalité que je n'ai jamais connue jusqu'à présent. »
« D'ailleurs, je sais que vous en faites bon usage. J'ai parlé à bien des gens et ils M'ont tous affirmé que vous les aviez déjà instruits sur le Messie. »
Simon sourit gaiement. « J'ai aussi parlé de Vous à un honnête Israélite hier soir. J'espère que Vous le rencontrerez un jour. J'aimerais Vous emmener à lui. »
« C'est bien possible. »
Judas se joint à la conversation: « Maître, Vous avez promis de venir avec moi, en Judée. »
« Et je le ferai. Simon continuera de renseigner Les Gens Sur ma venue. Le temps passe vite, Mes chers amis,

et les gens sont si nombreux. Maintenant, Je vais aller avec Simon. Vous deux, venez Me rencontrer ce soir sur la route vers le mont des Oliviers et nous donnerons de l'argent aux pauvres. Allez maintenant.»

Lorsque Jésus se retrouve seul avec Simon, Il lui demande : « Cette personne à Béthanie est-elle une véritable Israélite? »

« Il est un véritable Israélite. Ses idées sont celles qui prévalent, mais il est vraiment nostalgique du Messie. Et lorsque je lui ai dit : « Il est maintenant parmi nous » il a tout de suite répondu : « Je suis béni, parce qu'en ce moment, je suis en vie. » »

« Nous irons à lui un jour et repandrons notre bénédiction dans sa maison. Avez-vous vu le nouveau disciple? »

« Oui, Je l'ai vu. Il est jeune et semble intelligent. » « Oui, il l'est. Puisque vous êtes un Judéen, Vous le supporterez plus que les autres le feront, à cause de ses idées. »

« Est-ce un désir, ou un ordre? »

« Un ordre empreint de politesse. Vous avez souffert et vous pouvez être plus indulgent. Le chagrin enseigne beaucoup de choses. »

« Si vous me donnez un ordre, je serai très indulgent avec lui »

« Oui. Être. Peut-être Pierre, et il peut ne pas être le seul, sera quelque peu bouleversé de voir comment je m'occupe et m'inquiète ce disciple. Mais un jour, ils vont comprendre ... Plus on est déformé, plus grande est l'aide dont on a besoin. »

Les autres... oh! Les autres se forment correctement entre eux-mêmes, par simple contact. Je ne veux pas tout faire moi-même. Je veux la volonté de l'homme et l'aide d'autres personnes pour former un homme. Je

Vous demande de m'aider… et Je suis reconnaissant de votre aide. »
« Maître, pensez-Vous qu'il Vous décevra? »
« Non, mais il est jeune et a été élevé à Jérusalem. »
« Oh! Auprès de Vous il amendera tous les vices de cette ville… J'en suis sûr. J'étais déjà vieux et endurci par une haine amère, et pourtant j'ai complètement changé depuis que je Vous ai aperçu… »
Jésus murmure : « Qu'il en soit ainsi! » Puis, haussant la voix:« Allons au Temple. Je vais évangéliser les gens. »

Jésus Pleure À Cause De Judas Et Simon Le Zélote Le Réconforte

Jésus se trouve sur des terres très fertiles, sur lesquelles s'étendent de magnifiques vergers et des vignobles où d'énormes grappes de raisins commencent à se colorer de rouge et d'or. Il vient de terminer de parler et est maintenant assis dans un verger et il mange des fruits que Lui a offerts le fermier.
« C'est un plaisir pour moi, Maître, d'étancher Votre soif... » dit le fermier. « ...Votre disciple nous avait parlé de Votre sagesse mais nous sommes tout de même étonnés lorsque nous Vous écoutons. Puisque nous sommes près de la Ville Sainte, nous nous y rendons souvent pour vendre nos fruits et nos légumes et nous montons ensuite au Temple pour écouter les rabbins. Par contre, ils ne parlent pas comme Vous. Nous revenions en nous disant : "Puisque c'est comme ça, qui sera sauvé?" Avec Vous, c'est totalement différent! Oh! Nous avons le cœur si léger! Bien que nous soyons adultes, dans nos cœurs, nous nous sentons comme des enfants. Je suis... un homme dur et j'ai de la difficulté à m'exprimer pour me faire comprendre. Mais je suis certain que Vous me comprenez! »
« Oui, je vous comprend. Vous voulez dire que, même si vous possédez les connaissances et la maturité d'un

adulte, après avoir écouté la Parole de Dieu, vous sentez la simplicité, la foi et la pureté se renouveler dans votre cœur, comme si vous étiez de nouveau enfant, sans défaut ni malice et avec autant de foi que lorsque que Votre mère vous a emmené au Temple pour la première fois ou que vous vous êtes agenouillé pour prier. C'est ce que vous voulez dire. »

« Oui, exactement. Vous êtes chanceux puisque Vous êtes toujours avec Lui » dit-il à Jean, Simon et Judas qui sont assis sur un muret et mangent des figues fraîches. « Et je suis honoré de Vous avoir eu comme invité pour cette nuit. Je ne crains aucun malheur dans cette maison, puisque Vous l'avez bénie. »

Jésus répond : « Une bénédiction dure et conserve son efficacité si l'âme des hommes sont fidèles à la Loi de Dieu et à Ma doctrine... répond Jésus. »... Sinon, elle cesse de répandre la grâce. D'ailleurs, c'est juste ainsi. Parce que s'il est vrai que Dieu fournit de l'air frais et de la lumière aux ceux qui sont bons mais aussi à ceux qui sont mauvais; qu'ils peuvent vivre, et devenir meilleurs s'ils sont bons, et être convertis s'ils sont mauvais. Il est aussi juste que la protection du Père se tourne ailleurs en guise de punition pour ceux qui sont malfaisants, pour leur rappeler Dieu par la douleur. »

« La douleur n'est-elle pas toujours malfaisante? »

« Non, Mon ami. Elle apporte le mal quand on la regarde du point de vue humain, mais d'un point de vue surnaturel elle apporte le bien. Elle fait grandir le mérite des gens justes, qui l'acceptent sans se rebeller ou se désespérer et ils offrent, comme ils s'offrent avec résignation, comme sacrifice pour expier leurs propres imperfections et les fautes du monde, and c'est la rédemption pour ceux qui ne sont pas bons. »

« Il est si difficile de souffrir! » dit le fermier. Ses proches l'ont rejoint, il y a environ dix personnes en tout : des adultes et des enfants.
« Je sais que l'homme trouve cela difficile. Et sachant qu'il trouverait cela si difficile, le Père n'avait pas donné de douleur à Ses enfants. Ce fut accompagné de pêchés. Mais combien de temps la douleur dure-t-elle sur terre? Dans la vie d'un homme? Une très courte période de temps. C'est toujours court, même si cela dure toute une vie d'homme. Je vous dis : n'est-il pas mieux de souffrir pour une courte période de temps que de souffrir pour l'éternité? N'est-il pas mieux de souffrir ici qu'au Purgatoire? Considérez que le temps se multiplie par mille là-haut. Oh! Je vous le dis solennellement : vous ne devriez pas maudire la douleur, mais plutôt la bénir, et l'appeler "grâce" and "miséricorde". »
« Oh! Vos mots, Maître! Ils nous sont aussi appréciables que l'eau mielleuse d'une amphore fraîche à un homme altéré par la soif en été. Partez-Vous vraiment demain, Maître? »
« Oui, Je pars demain, mais je reviendrai. Pour vous remercier de ce que vous avez fait pour Moi et Mes amis, et pour vous demander d'autre pain et du repos. »
« Vous en trouverez toujours ici, Maître. »
Un homme avec un âne chargé de fruits s'approche.
« Je suis là, si votre ami désire partir... Mon fils s'en va à Jérusalem pour le grand marché de Parascève. »
« Allons, Jean. Vous savez ce que vous avez à faire. Dans quatre jours nous nous reverrons. Que Ma paix soit avec vous. » Jésus étreint et embrasse Jean, puis Simon fait de même.
« Maître » dit Judas. « Si Vous me le permettez, j'aimerais aller avec Jean. Je suis impatient de voir un ami à moi.

Lazare

Il va à Jérusalem pour chaque Sabbat. J'irais avec Jean jusqu'à Bethphagé et je continuerais seul ensuite... C'est un ami de notre famille... Vous savez... ma mère m'a dit... »
« Je ne vous ai posé aucune question, Mon ami. »
« Cela me brise le cœur de devoir me séparer de Vous. Mais dans quatre jours, je serai de nouveau avec Vous et je serai même si fidèle que je Vous ennuierai. »
« Vous pouvez y aller. Dans quatre jours, à l'aube, rendez-vous à la Porte du Poisson. Au revoir et que Dieu veilles sur vous. »
Judas embrasse le Maître et puis s'approche du petit âne qui a commencé à trottiner le long de la route poussiéreuse.
Le soir tombe et la campagne devient silencieuse.
Jésus n'a pas bougé de l'endroit où il était assis lorsque Jean et Judas sont partis. Simon regarde les paysans qui arrosent leurs champs. Puis, Jésus se lève, part vers l'arrière de la maison et marche le long du verger. Il veut être seul. Plus loin, il atteint un bosquet d'énormes arbres à grenades et de petits buissons qui ressemblent à des plants de groseilles, mais qui n'ont pas de fruits. Jésus se cache derrière le bosquet. Il s'agenouille, Il prie... et S'incline ensuite, Son visage dans l'herbe et commence à pleurer. Des lamentations de découragement; avec de longs soupirs sans sanglots, mais si tristes.
Le temps passe et la pénombre s'installe mais il ne fait pas assez noir pour brouiller la vue. Et dans la faible lumière le visage de Simon, défiguré mais honnête, apparaît au-dessus d'un buisson. Il regarde autour de lui, semblant chercher quelque chose et aperçoit la silhouette accroupie du Maître, complètement

recouvert de Sa cape bleue qui se confond avec le sol le déboussolant quelque peu. Seuls ses cheveux pâles et Ses mains jointes pour la prière au-dessus de sa tête, posée sur Ses poignets, attirent l'œil de Simon. Simon Le regarde de ses grands yeux emplis de bonté et comprend que Jésus est triste à cause de Ses soupirs.
« Maître » appelle Simon, de ses lèvres épaisses et violacées.
Jésus lève la tête.
« Vous pleurez, Maître? Pourquoi? Puis-je m'approcher de Vous? » Le visage de Simon exprime l'étonnement et la douleur. Il n'est certainement pas un bel homme et s'ajoutent à ses traits défigurés et à son teint olivâtre sombre les cicatrices profondes et bleuâtres qu'il garde de sa maladie. Malgré cela, son regard est si doux que sa laideur disparait.
« Venez, Simon, Mon ami. »
Jésus s'assoit dans l'herbe et Simon s'assoit à côté de Lui.
« Pourquoi êtes-Vous triste, Maître? Je ne suis pas Jean et je ne suis pas capable de Vous donner ce que Jean Vous donne. Mais j'aimerais Vous réconforter de quelque façon que ce soit, et je ne peux que me désoler de ne pouvoir le faire. Dîtes-moi. Vous ai-je tant déplu ces derniers jours que cela Vous déprime de rester avec moi? »
« Non. Mon bon ami. Vous ne m'avez jamais déplu depuis le moment où je vous ai aperçu et je pense que vous ne Me ferai jamais pleurer. »
« Mais alors, Maître? Je ne suis pas digne de votre confiance. Avec mon âge, Je pourrais être Votre père et Vous savez comme j'ai toujours voulu avoir des enfants... Permettez-moi de Vous caresser comme si Vous étiez

mon fils et laissez-moi être un père et une mère pour Vous dans cette douleur. Vous avez besoin de Votre mère pour oublier tant de choses... »
« Oh! Oui! J'ai besoin de Ma Mère! »
« En attendant qu'Elle puisse Vous réconforter, accordez à Votre serviteur la joie de Vous consoler. Vous pleurez, Maître, parce que quelqu'un Vous a déplu. Pendant plusieurs jours Votre visage était comme le soleil assombri par les nuages. Je Vous ai observé. Votre bonté cache la blessure ainsi nous ne portons pas de haine envers celui qui Vous blesse. Mais cette blessure est douloureuse et inutile. Mais dîtes-moi, mon Seigneur : pourquoi n'éliminiez-Vous pas la source de Votre douleur? »
« Parce que ce serait inutile du point de vue d'un humain et que ce ne serait pas charitable. »
« Ah! Vous savez que je parle de Judas! C'est à cause de lui que Vous souffrez. Comment pouvez-Vous, Vous qui êtes la Vérité, tolérer ce menteur? Il ment effrontément. Il est plus trompeur qu'un renard et plus fermé qu'une roche. Il est parti maintenant. Pour quoi? Combien d'amis possède-t-il? Je suis désolé de Vous laisser, mais j'aimerais le suivre pour voir... Oh! Mon Jésus! Cet homme... faites-le partir pour de bon, mon Seigneur. »
« C'est inutile. Ce qui doit arriver arrivera. »
« Que voulez-Vous dire? »
« Rien de spécial. »
« Vous lui avez permis de partir avec plaisir, parce que Vous étiez dégouté par sa conduite à Jéricho. »
« C'est vrai, Simon. Je vous le dis encore : ce qui doit arriver arrivera et Judas fait partie de ce futur. Il y sera, lui aussi. »
« Mais Jean m'a dit que Simon Pierre est très franc et

plein d'ardeur... Il souffrira de Judas? »
« Il doit l'endurer. Aussi, Pierre est destiné à un rôle précis, et Judas est le canevas sur lequel il doit tisser ce rôle, ou, si vous préférez, Judas est l'école où Pierre apprendra plus qu'avec quiconque. Les idiots sont aussi capables d'être bons avec Jean et de comprendre des âmes comme la sienne. Mais il est difficile d'être bon avec les gens comme Judas, et de comprendre les âmes comme la sienne et d'être un médecin et un prêtre pour celles-ci. Judas est votre enseignement vivant. »
« Le Nôtre? »
« Oui. Le Vôtre. Le Maître ne sera pas sur terre pour toujours. Il partira après avoir mangé le pain le plus dur et avoir bu le vin le plus aigre. Mais vous resterez pour prendre le relais... et vous devez savoir. Parce que le monde ne s'arrête pas avec le Maître. Il continuera plus longtemps, jusqu'au retour final du Christ et au jugement final de l'homme. Et Je vous dis solennellement que pour chaque Jean, Pierre, Simon, Jacques, André, Philippe, Barthélemy, Thomas, il y a au moins sept Judas, et même encore plus, beaucoup plus! »
Simon demeure silencieux et pensif. Il dit alors : « Les bergers sont bons. Judas les dédaigne, mais je les aime. »
« Je les aime et Je les félicite. »
« Ils sont des âmes simples comme Vous aimez. »
« Judas a vécu en ville. »
« Sa seule excuse. Bien des gens ont vécu dans des villes, mais... Quand viendrez-Vous à mon ami? »
« Demain, Simon. Je viendrai avec plaisir, parce que nous sommes seuls, Vous et Moi. Je suis certain qu'il est un homme instruit et expérimenté comme Vous. »
« Et il souffre beaucoup... De son corps mais encore plus de son cœur. Maître... J'aimerais Vous demander une

faveur : s'il ne Vous parle pas de peine, s'il vous plaît, ne lui posez pas de questions sur sa famille. »
« Je ne le ferai pas. Je suis du côté de ceux qui souffrent, mais je ne force personne à se confier. Les larmes méritent le respect. »
« Et je ne les ai pas respectées... Mais je me sentais désolé pour Vous... »
« Vous êtes Mon ami et vous avez déjà donné un nom à Ma douleur. Je suis un Rabbin inconnu pour votre ami. Quand il Me connaîtra... alors... Partons. Il fait noir. Ne faisons pas attendre nos invités, ils sont fatigués. Demain à l'aube nous irons à Béthanie. »

Jésus Rencontre Lazare De Béthanie

Il est tôt. C'est un matin d'été très dégagé et le soleil, déjà au-dessus de l'horizon, s'élève de plus en plus haut, souriant à la terre charmante. Toutes les étoiles de la nuit précédente semblent s'être transformées en poussière d'or et en pierres précieuses. Elles reposent maintenant sur toutes les tiges et les feuilles étincelantes de rosée. Même les éclats siliceux des pierres qui jonchent le sol, maintenant mouillés par la rosée, ressemblent à de la poudre de diamant ou à de la poussière d'or.
Jésus et Simon cheminent maintenant à pied le long d'une petite route secondaire qui s'écarte de la route principale en un angle prononcé. Ils se dirigent vers de magnifiques vergers et des champs de lin aussi hauts qu'un homme et presque prêts à la récolte. Au loin, on aperçoit de grosses taches d'un rouge vif : ce sont les coquelicots parsemés entre les chaumes des autres champs.

« Nous sommes déjà dans la propriété de mon ami. Tu peux constater, Maître, que la distance est conforme aux ordonnances de la Loi. Je ne permettrais jamais de Te tromper. Il y a le mur du jardin et la maison derrière

ce verger de pommiers. Je T'ai fait prendre ce raccourci pour respecter la distance prescrite. »
« Ton ami est très riche ! »
« Oui, en effet. Mais il n'est pas heureux. Il possède également d'autres biens ailleurs. »
« C'est un pharisien ? »
« Son père ne l'était pas. Il est très... perspicace. Je Te l'ai dit : un vrai israélite. »

Ils continuent de marcher. Un mur haut se dresse droit devant eux, et au-delà, des arbres et d'autres arbres à travers lesquels la maison commence à émerger. Une petite colline les empêche de voir le jardin qui est aussi beau qu'un parc. Ils contournent un coin de rue et arrivent à hauteur du mur sur lequel s'entrelacent des branches de roses et pendent de splendides jasmins d'une douce odeur dans des corolles recouvertes de rosée. Simon se sert d'un heurtoir de bronze lourd pour frapper à l'imposante porte en fer forgé.

« Il est trop tôt pour les visiter, Simon », fait remarquer Jésus.
« Oh ! Mon ami se lève à l'aube, car il ne trouve de réconfort que dans son jardin ou dans les livres. La nuit est une torture pour lui. Je Te prie de ne pas tarder à lui donner Ta joie. »
Un serviteur ouvre la porte.
« Bonjour, Aseus. Dis à ton maître que Simon le zélote vient le voir avec un Ami. »
Le serviteur leur permet d'entrer et dit : « Votre serviteur vous accueille. Entrez. La demeure de Lazare est ouverte à ses amis. » Et puis il s'en va précipitamment.
Connaissant très bien les lieux, Simon quitte l'allée

principale et emprunte plutôt un sentier qui traverse une allée bordée de jasmins entre des haies de rosiers.

Lazare émerge de la charmille peu de temps après, vêtu d'un vêtement de lin blanc neige et marchant avec difficulté comme s'il souffrait de la jambe. Il est grand, mince et pâle, avec des cheveux courts, ni épais, ni bouclés, et une barbe un peu clairsemée qui se limitait à la partie inférieure de son menton.

Quand il aperçoit Simon, il le salue affectueusement puis s'empresse du mieux qu'il peut vers Jésus et se jette à genoux. Il se penche jusqu'au sol pour embrasser l'ourlet de sa tunique.
« Je ne suis pas digne de tant d'honneur... », dit Lazare.
« Mais puisque le Très Saint s'abaisse jusqu'à ma misère, entre, mon Seigneur, viens et sois le Maître dans mon humble demeure ».
« Relève-toi, mon ami. Et reçois Ma paix. »
Lazare se lève et baise les mains de Jésus. Il le regarde avec une vénération non dénuée de curiosité.
Ils se dirigent vers la maison.
« Comme j'avais hâte de T'accueillir, Maître ! Tous les matins à l'aube, je me dis : « Il viendra aujourd'hui », et tous les soirs, je conclus : « je ne L'ai pas vu aujourd'hui non plus. »
« Pourquoi M'attendais-tu avec autant d'anxiété ? »
« Parce que... Qui attendons-nous en Israël, si ce n'est Toi ? »
« Et tu crois que Je suis Celui qu'attend Israël ? »
« Simon n'a jamais menti. Ce n'est pas non plus un homme qui s'emballe pour un rien. L'âge et la tristesse l'ont rendu aussi mûr qu'un sage. En tout cas... même

s'il n'avait pas reconnu Ta véritable nature, Tes actes en auraient dit long. J'aurais su que Tu es un Saint. Celui qui accomplit les actes de Dieu doit forcément être un homme de Dieu. Et Tu les accomplis. Tu fais les choses d'une manière qui prouve que Tu es réellement un homme de Dieu. Mon ami est allé Te voir en raison de la notoriété de Tes miracles et il a reçu un miracle. Et je sais que Ton chemin est jonché de miracles. Alors pourquoi ne pas croire que Tu es Celui qui avait été annoncé ? Oh ! Il est si doux de croire ce qui est bon ! Nous sommes contraints de faire semblant de croire en beaucoup de choses qui ne sont pas bonnes. On ne les change guère pour avoir un peu de paix. Plusieurs paroles qui semblent être une adoration, une louange, une bonté de cœur ne sont en réalité que sarcasme et blâme, un poison enrobé de miel. Nous devons faire semblant d'y croire tout en sachant que ces paroles sont poison, blâme, sarcasme... Nous sommes obligés de le faire parce que... il n'est pas possible de faire autrement. Et nous sommes faibles face à un monde bien plus puissant. Nous sommes seuls contre tout un monde qui nous est hostile... pourquoi, alors, nous aurions du mal à croire ce qui est bon ? Par contre, le moment est venu et les signes des temps sont maintenant au milieu de nous. Ce qui pourrait encore manquer pour affermir notre foi et n'avoir aucun doute va nous être accordé par la certitude que la période d'attente est à son terme, car le Rédempteur est arrivé, le Messie est parmi nous... C'est Lui qui donnera la paix à Israël et aux enfants d'Israël. C'est Lui qui va nous permettre de mourir sans angoisse, sachant que nous avons été rachetés. Il nous permettra de vivre sans ce sentiment nostalgie à l'égard de nos morts... Oh ! Les morts ! Pourquoi pleurer la mort si ce

n'est parce que les morts n'ont plus d'enfants et ils n'ont pas encore le Père et Dieu ? »
« Ton père est mort depuis longtemps ? »
« Ça fait trois ans. Et ma mère, sept. Mais je n'ai plus à me plaindre de leur mort... Je voudrais aussi les rejoindre où ils attendent le Ciel. »
« Dans ce cas, tu n'inviterais pas le Messie chez toi. »
« C'est vrai. Maintenant, je suis dans une meilleure situation qu'eux sont parce que je suis en Ta compagnie... et cette joie apaise mon cœur. Entre, Maître. Accorde-moi l'honneur de faire de ma demeure la Tienne. Aujourd'hui, c'est le jour du sabbat, et je ne peux pas inviter des amis en Ton honneur... »
« Je ne le souhaite pas. Aujourd'hui, Je suis à l'entière disposition de l'ami de Simon et du Mien. »
Ils vont dans une belle salle où des serviteurs sont prêts à les recevoir. « S'il vous plaît, suivez-les », dit Lazare.
« Vous pourrez vous rafraîchir avant le déjeuner. »
Pendant que Jésus et Simon se rendent dans une autre pièce, Lazare donne des instructions aux serviteurs. La maison respire richesse et élégance...

Jésus boit du lait. Lazare insiste pour Le servir personnellement, avant de s'asseoir à la table pour le repas du matin.
« J'ai trouvé l'homme qui est prêt à acheter ta propriété et à payer le prix équitable qu'a fixé ton agent. Il ne déduira pas la moindre drachme », dit Lazare en s'adressant à Simon.
« Mais est-il disposé à respecter mes conditions ? »
« Oui. Il les accepte toutes pourvu qu'il fasse l'acquisition de la propriété. Et je suis heureux, car au moins je sais qui est mon voisin. Mais comme tu ne souhaites pas être

présent lors de la transaction, il préfère garder l'anonymat. Et je te demanderais d'accéder à sa demande. »

« Rien ne m'en empêche. Toi, mon ami, tu vas prendre ma place... Tu fais tout correctement. Le fait que mon fidèle serviteur n'est pas dérangé me suffit... Maître, je vends ma propriété et à vrai dire, je suis heureux que je n'aie plus rien qui puisse m'attacher à tout ce qui n'est pas à Ton service. Mais j'ai un vieux serviteur fidèle, le seul qui est resté après mon malheur. Et comme je l'ai déjà dit, il m'a toujours aidé pendant mon isolement en entretenant ma propriété comme si c'était la sienne, avec l'aide de Lazare. Pour la préserver, il l'a fait passer comme la sienne, il s'en est chargé. A présent, il ne serait pas juste de le laisser sans abri maintenant qu'il est vieux. J'ai décidé qu'une petite maison près de la limite de la propriété devrait être à lui et qu'une partie de l'argent doit lui être remise pour d'éventuels entretiens. Les personnes âgées, Tu le sais, sont comme le lierre : ayant vécu toujours au même endroit, ils souffrent trop d'en être arrachés. Par bienveillance, Lazare voulait garder mon serviteur auprès de lui, mais j'en ai plutôt décidé autrement. Le vieil homme ne souffrira pas tellement... »

« Tu es bon, toi aussi, Simon. Si tout le monde était comme toi, ma mission serait plus facile... », déclare Jésus.

« Le monde est-il détestable à Tes yeux, Maître ? », demande Lazare.

« Le monde ?...Non. La force du monde : Satan, oui. S'il n'était pas le maître du cœur des hommes et ne les retenait pas captifs, Je ne rencontrerais aucune résistance. Mais le mal se dresse contre le bien et Je dois

vaincre le mal dans chaque homme et mettre le bien en eux... mais ils ne sont pas tous prêts... »
« C'est vrai. Ils ne sont pas prêts ! Maître, quelles paroles utilises-Tu pour parvenir à convertir et convaincre ceux qui sont coupables ? L'histoire d'Israël déborde de paroles de remontrances sévères à l'égard des coupables et le Précurseur est le dernier à les utiliser. Faut-il utiliser des paroles de remontrances ou des paroles de miséricorde ? »
« J'utilise l'amour et la miséricorde. Crois-moi, Lazare, un clin d'œil affectueux a plus de pouvoir sur ceux qui sont tombés qu'une malédiction. »
« Et si l'amour est tourné en dérision ? »
« On doit insister à nouveau. Insister au plus haut point. Lazare, connais-Tu ces terres où les sables mouvants engloutissent les imprudents ? »
« Oui. J'en ai eu vent par la lecture. J'ai tendance à beaucoup lire par passion, mais aussi pour occuper les longues heures d'insomnie pendant la nuit. Je sais qu'il y a des sables mouvants en Syrie et en Égypte et qu'il y en a près de la Chaldée. Et je sais qu'ils sont comme des ventouses qui aspirent tout ce qu'ils attrapent. Les Romains racontent que les sables mouvants sont la bouche de l'enfer où vivent les monstres païens. Est-ce vrai ? »
« Non, ce n'est pas vrai. Ce sont seulement des formations spéciales de terre. L'Olympe n'a rien à voir avec ces sables. Lorsque les hommes cesseront de croire dans l'Olympe, ils continueront d'exister. Les progrès de l'humanité pourront éventuellement fournir une explication plus véridique des faits, mais ne les élimineront pas. Pour l'instant, voici ce que Je dis : étant donné que tu as lu sur le phénomène, tes livres t'ont-ils

appris comment sauver une personne qui s'est fait prendre par ces sables mouvants ? »

« Oui. Il faut se servir d'une corde. On la jette à la victime. On peut également utiliser une perche, voire une branche. Parfois, il suffit de peu de choses. Il faut tendre à la victime qui s'enfonce un objet auquel il peut s'accrocher en attendant les secours. En plus, ça le rassure. Il n'a plus besoin de se débattre. »

« Exactement. Un pécheur, un homme possédé, est une victime qui a été engloutie par un sol trompeur dont la surface est recouverte de fleurs qui cachent sous elles des sables mouvants. Penses-tu que si l'homme réalisait ce que veut dire donner à Satan le moindre atome de son être, il le ferait ? Mais il l'ignore... et après, l'étonnement et le poison du mal le paralysent ou le conduisent à la folie. Pour éviter le remords de sa perte, il s'accroche désespérément aux autres sables et son agitation provoque d'énormes vagues et accélère ainsi sa propre fin. L'amour est la corde, le fil, la branche dont tu parles. Nous devons insister, insister... jusqu'à ce qu'il s'en empare. Une parole... le pardon... un pardon supérieur à l'offense... juste pour arrêter de s'enfoncer et attendre l'aide de Dieu. Lazare, connais-tu le pouvoir du pardon ? Il permet à Dieu de venir en aide au sauveteur... Lis-tu beaucoup ? »

« Oui. Mais j'ignore si je fais le bon choix. Ma maladie et... et d'autres choses m'ont privé des nombreux plaisirs des hommes... et maintenant, j'ai une passion pour les fleurs et les livres... pour les plantes et aussi pour les chevaux... Je sais qu'on me le reproche. Mais comment puis-je me rendre dans mon domaine dans cet état (et il dévoile deux énormes jambes toutes emmaillotées de pansements) à pied ou chevauchant une mule ? Je dois

utiliser une charrette qui est rapide. C'est pourquoi j'ai acheté quelques chevaux auxquels je me suis attaché, je l'avoue. Mais si Tu me dis que c'est mal... je les vendrai. »
« Non, Lazare. Ces choses ne corrompent pas. Ce qui bouleverse l'âme et éloigne de Dieu, c'est la cause de la corruption. »
« Maintenant, Maître, voici ce que je voudrais savoir. Je lis beaucoup de choses. La lecture, c'est mon seul réconfort. J'aime apprendre... Je pense qu'après tout, l'instruction vaut mieux que faire le mal. Il est préférable de lire que de faire certaines choses. Mais je ne lis pas seulement nos pages. Je voudrais en savoir plus sur le monde des autres peuples et je suis attiré par Rome et Athènes. Mais je suis conscient du grand malheur qui s'est abattu sur Israël quand elle s'est laissé corrompre par les Assyriens et les Égyptiens. Je sais le grand tort que nous ont fait les gouvernements helléniques. Je ne sais pas si un homme peut se nuire comme Judas se l'est fait à lui-même, à nous et à ses enfants. Qu'en penses-Tu ? J'ai hâte que Tu m'enseignes puisque Tu n'es pas un rabbin, mais la sage et la divine Parole. »
Jésus le fixe du regard pendant quelques secondes, de ce regard à la fois pénétrant et lointain qui semble percer le corps opaque de Lazare, sonder son cœur et pénétrer bien au-delà. « Ce que tu lis te bouleverse ? » demande enfin Jésus. « T'éloignes-tu de Dieu et de Sa Loi ? »
« Non, Maître. Au contraire, mes lectures m'incitent à faire la comparaison entre notre vrai Dieu et la fausseté païenne. Je fais des comparaisons et je médite sur les gloires d'Israël, son peuple juste, les Patriarches, les Prophètes et les personnages douteux des histoires des autres peuples. Je compare notre philosophie, si on peut l'appeler ainsi, la Sagesse que recèlent nos textes sacrés

aux pauvres philosophies grecques et romaines qui contiennent des étincelles de feu, mais pas le brasier qui éclaire et brille dans les livres de nos Sages. Et après, animé d'une plus grande vénération, je me prosterne de toute mon âme pour adorer notre Dieu, car Il s'adresse à Israël à travers Ses œuvres, Ses serviteurs et nos livres. »
« Eh bien, alors, continue tes lectures... Elles te permettront de comprendre le monde païen... Continue. Tu peux continuer. Il n'y a aucun ferment de mal ou de gangrène spirituelle en toi. Alors tu peux lire sans crainte. L'amour que tu as pour ton Dieu rend stérile le germe profane que la lecture pourrait propager en toi. Dans ses actes, l'homme a la possibilité de choisir le bien ou le mal. Tout dépend de sa maturité. L'amour n'est pas un péché si on s'aime d'une manière sainte. Le travail n'est pas un péché si on travaille au bon moment. Gagner son pain n'est pas un péché si on se contente de ce qui est honnête. L'instruction n'est pas un péché pourvu qu'elle ne tue pas la perception que nous avons de Dieu en nous. Mais c'est un péché de servir à l'autel si on le fait pour son propre gain. Es-tu convaincu, Lazare ? »
« Oui, Maître. J'ai posé la même question à d'autres, et ils m'ont méprisé... Mais Tu m'éclaires et me donnes la paix. Oh ! Si tout le monde pouvait T'écouter ! Viens, Maître. Il y a une brise fraîche et le silence au milieu des jasmins. C'est si doux de reposer sous leur ombre fraîche avant la tombée du jour. »
Et ils sortent.

Jésus Et Isaac Près De Doco. Départ Vers Esdraelon

« Et je vous dis, Maître, que des gens humbles sont mieux ... » Isaac rapporte à Jésus. «... ceux à qui j'ai parlé, soit se moquaient de moi ou me ignorés. Oh! Les petits à Jutta! »
Ils sont assis dans un groupe sur l'herbe au bord du fleuve et de Judas interrompt Isaac, appelant particulièrement le berger par son nom;
« Isaac, je suis de votre avis. Nous perdons notre temps et nous perdons notre foi en traitant avec eux. Je lui donne jusqu'à. »
« Je ne veux pas, mais il me fait souffrir. Je vais abandonner que si le Maître me dit. Pendant des années j'ai été habitué à la souffrance de la fidélité à la vérité. Je ne pouvais pas dire des mensonges pour entrer dans les bonnes grâces des puissants. Et savez-vous combien de fois ils sont venus pour se moquer de moi dans la pièce où j'étais malade, promettant de l'aide - oh! ils étaient certainement fausses promesses - si je dirais que j'avais menti et que toi, Jésus, n'étaient pas le nouveau-né Sauveur ?! Mais je ne pouvais pas mentir. Si j'avais menti, j'aurais refusé ma joie, j'aurais tué mon seul espoir, je vous l'aurais rejeté, mon Seigneur! Rejeter vous! Dans ma misère noire dans ma maladie morne il y

avait toujours un ciel parsemé d'étoiles au-dessus de
moi: le visage de ma mère qui était la seule joie de ma vie
d'orphelin, le visage d'une jeune mariée qui n'a jamais été
la mienne et que je continue à aimer même après sa
mort. Ce sont les deux étoiles mineures. Et les deux
grandes stars, comme deux lunes les plus pures : Joseph
et Marie souriant à la nouveau-né et à nous pauvres
bergers, et vos lumineux, innocent, nature, saint, saint,
saint visage, dans le centre du ciel de mon cœur. Je ne
pouvais pas refuser ce ciel de la mienne! Je ne voulais
pas me priver de sa lumière, car il n'existe pas d'autre si
pur. J'aurais plutôt rejeté ma propre vie ou j'aurais vécu
dans la torture plutôt que de rejeter Vous, mon souvenir
béni, mon Jésus nouveau-né! »

Jésus lui met la main sur l'épaule et sourire d'Isaac.
« Donc, vous insistez? » persiste Judas
« Je fais. Aujourd'hui, demain et le jour suivant à
nouveau. Quelqu'un va venir. »
« Combien de temps durera le travail? »
« Je ne sais pas. Mais croyez-moi. Il suffit de ne pas
regarder soit devant ou derrière et faire les choses au
jour le jour. Et le soir, si nous avons travaillé avec profit,
nous disons : « Merci, mon Dieu ». Si sans but lucratif,
dites simplement : « J'espère que dans votre aide pour
demain.» »
« Vous êtes sage. »
« Je ne sais même pas ce que cela signifie. Mais je le fais
dans ma mission ce que j'ai fait pendant ma maladie.
Trente ans d'infirmité est pas une mince affaire! »
« Eh! Je crois que. Je n'étais pas encore né et vous étiez
déjà malade. »
« J'étais malade. Mais je n'ai jamais compté ces années.

Je n'ai jamais dit : « Maintenant, il est le mois de Nisan de nouveau, mais je ne fleurit de nouveau avec les roses. Maintenant, il est Tishri et je languir encore ici. «Je suis allé de parlant de lui à la fois pour moi et pour de bonnes personnes. J'ai réalisé que les années passaient, parce que les petits d'autrefois sont venus m'apporter leurs confections de mariage ou les gâteaux pour la naissance de leurs petits. Maintenant, si je regarde en arrière, maintenant que de vieux je suis devenu jeune, que vois-je de mon passé? Rien. Il est passé. »

« Rien ici. Mais dans le ciel, il est « Tout » pour vous, Isaac, et que «tout» vous attend », dit Jésus. Et puis parler à tout le monde : « Vous devez faire. Je le fais moi-même. Nous devons continuer. Sans se fatiguer. La fatigue est une des racines de l'orgueil humain. Et il en est de hâte. Pourquoi l'homme est ennuyé par des défaites? Pourquoi est-il perturbé par des retards? Parce que l'orgueil dit : « Pourquoi dire« non à moi? Donc, beaucoup de retard pour moi? C'est un manque de respect pour l'apôtre de Dieu. « Non, Mes amis. Regardez tout l'univers et de penser de celui qui l'a fait. Méditez sur le progrès de l'homme et de considérer son origine. Pensez à cette heure qui est en cours d'achèvement et de compter combien de siècles l'ont précédée. L'univers est l'œuvre d'une création calme. Le Père n'a pas fait les choses d'une manière désordonnée; Il a créé l'univers en phases successives. L'homme est l'œuvre de progrès du patient, l'homme actuel, et il progressera de plus en plus en connaissance et en puissance. Et cette connaissance et le pouvoir seront saints ou ne le seront pas, selon sa volonté. Mais l'homme n'est pas devenu l'homme à la fois. Les premiers parents, chassés du jardin, a dû tout apprendre, lentement, progressivement. Ils ont dû apprendre les choses les plus simples : qu'un grain de maïs est plus savoureux si moulues en farine, ensuite pétrie et ensuite cuit. Et ils ont dû apprendre à moudre et à cuire. Ils ont dû apprendre à allumer un feu. Comment faire un vêtement en observant la toison des animaux. Comment faire un repaire en regardant bête. Comment construire une palette en regardant nids. Ils ont appris à se guérir avec des herbes et de l'eau en observant les animaux qui le font par instinct. Ils ont appris à voyager à travers les déserts et les mers, en étudiant les étoiles, la rupture chez les chevaux, apprentissage de l'équilibre bateau sur l'eau en regardant la coque d'un écrou flottant sur l'eau d'un ruisseau. Et combien d'échecs avant le succès! Mais l'homme a réussi. Et il ira plus loin. Mais il ne sera pas plus heureux à cause de son progrès, car il deviendra plus habile dans le mal que dans le bien. Mais il fera des progrès. Est rachat non un patient travail? Il a été décidé siècles et des siècles plus tôt. Il se passe maintenant après avoir été préparé pendant des siècles. Tout est la patience. Pourquoi être impatient alors? Dieu ne pourrait-il pas tout faire en un éclair? N'était-il pas possible pour l'homme, doué de raison, créé par les mains de Dieu, de tout savoir en un éclair? Ne pourrais-je pas être venu au début du siècle? Tout était possible. Mais rien ne doit être la violence. Rien. La violence est toujours à l'ordre et Dieu, et ce qui vient de Dieu est pour. N'essayez pas d'être supérieur à Dieu. »

« Mais alors, quand allez-vous être connu? »

« Par qui, de Judas? »

« Par le monde! »

« Jamais »

« Jamais? Mais n'êtes-Vous pas le Sauveur? »

« Je le suis. Mais le monde ne veut pas être sauvé. Seulement un sur mille seront prêts à me connaître et seulement un sur dix mille va vraiment me suivre. Et je dirais même plus; Je ne vais pas être connu même par Mes amis les plus intimes. »
« Mais s'ils sont Vos amis intimes, ils Vous connaîtront. »
« Oui, Judas. Ils Me connaitront comme Jésus, comme Jésus l'Israélite. Mais ils ne me connaissent pas comme Celui Que je suis... »et avec découragement résigné, Jésus ouvre ses mains et en maintenant le, sur tournées vers l'extérieur, il continue, la douleur écrite de son visage, en regardant ni homme, ni le ciel, mais seulement à son futur destin d'une personne trahie »... Je vous dis que je ne vais pas être connu par tous Mes amis intimes. Pour en savoir un moyen d'aimer avec loyauté et la vertu ... et il y en aura qui ne Me connaîtront pas. »
« Ne dites pas cela » implore Jean.
« Nous Vous suivons, pour Vous connaitre de plus en plus » dit Simon, et les bergers en cœur.
« Nous Vous suivons comme nous suivrions une jeune mariée et Vous nous êtes plus cher qu'elle ne pourrait l'être; nous sommes plus jaloux de Vous que d'une femme... » dit Judas ... Oh! non. Nous savons que Vous en avez déjà tellement que nous ne pouvons pas Vous ignorer plus longtemps. » et pointant vers Isaac, Judas continue »Il dit que de nier Votre souvenir d'un nouveau-né aurait été plus pénible que de perdre sa vie. Et vous n'étiez qu'un bébé nouveau-né. Nous vous connaissons comme homme et Maître. Nous Vous écoutons et voyons Vos œuvres. Votre contact, votre souffle, votre baiser : ils sont notre consécration continue et notre purification continue. Seul un satanique pourrait vous refuser après avoir été votre compagnon proche. »

« C'est vrai, Judas. Mais il y aura un. »
« Malheur à lui! Je vais être son bourreau. »
« Non Laissez la justice au Père. Soyez son rédempteur.
Le rédempteur de cette âme qui est inclinée vers Satan.
Mais nous disons au revoir à Isaac.
C'est le soir. Je vous bénis, mon fidèle serviteur. Vous
savez maintenant que Lazare de Béthanie est notre ami
et est prêt à aider mes amis. Je vais. Vous restez ici.
Préparer la terre aride de Judée pour moi. Je reviendrai
plus tard. En cas de besoin, vous savez où me trouver.
Ma paix soit avec vous »et Jésus bénit et embrasse son
disciple.

Retour À Nazareth Après Avoir Laissé Jonah

Il est temps de dire au revoir et Jésus et ses disciples sont debout à la porte d'une pauvre cabane, avec Jonas et d'autres paysans pauvres, éclairée par une lumière si faible, il semble clignoter.

« Ne vais-je pas Vous revoir, mon Seigneur? » demande Jonas. « Vous avez apporté la lumière à nos cœurs. Votre gentillesse est devenue de nos jours dans une fête qui durera toute notre vie. Mais Vous avez vu comment nous sommes traités. Une mule est mieux prise en charge que nous. Et les arbres bénéficient d'une attention plus humaine; elles sont de l'argent. Nous ne sommes que des meules qui gagnent de l'argent et nous sommes habitués jusqu'à ce que nous mourions de travail excessif. Mais Vos paroles sont autant de caresses affectueuses. Notre pain semblait plus abondant et plus goûteux car Vous le partagiez avec nous; ce pain dont il ne donne même pas à ses chiens. Revenez à partager avec nous, mon Seigneur. Seulement parce que c'est vous, j'ose le dire. Ce serait une insulte à offrir n'importe qui d'autre abri et de nourriture qui, même un mendiant dédaigner. Mais Vous ... »

« Mais je trouve en eux un parfum et une saveur céleste parce que chez eux il y a la foi et de l'amour. Je viendrai,

Jonas. Je reviendrai. Vous restez à votre place, à égalité comme un animal aux arbres. Peut-être votre place l'échelle de Jacob. Et en fait, anges vont et viennent du ciel descendu vers vous, la collecte attentivement tous vos mérites et les prendre à Dieu. Mais je viendrai à vous. Pour soulager votre esprit. Soyez fidèle à Moi, vous tous. Oh! Je voudrais vous donner la paix humaine aussi. Mais Je ne peux pas. Je dois vous dire : allez dans la souffrance. Et c'est très triste pour celui qui aime ... »
« Seigneur, si Vous nous aimez, nous ne plus souffrir. Avant nous n'avions personne pour nous aimer ... Oh! Si je pouvais, au moins, voir votre mère! »
« Ne vous inquiétez pas. Je vais l'amener à vous. Lorsque le temps est plus doux, je vais venir avec elle. Ne risquez pas encourir des peines cruelles à cause de votre anxiété pour la voir. Vous devez attendre que Son que vous attendez pour l'apparition d'une étoile, l'étoile du soir. Elle vous apparaîtra tout d'un coup, exactement comme l'étoile du soir, qui n'est pas là un moment, et un moment plus tard, il brille dans le ciel. Et vous devez considérer que, même maintenant, elle prodigue ses dons d'amour sur vous. Au revoir, tout le monde. Que ma paix vous protéger contre la dureté de celui qui vous tourmente. Au revoir, Jonas. Ne pleure pas. Vous avez attendu pendant de nombreuses années avec la foi patiente. Je vous souhaite une très courte attente promets maintenant. Ne pleurez pas; Je ne vais pas vous laisser seul. Votre gentillesse essuyé mes larmes quand j'étais un bébé nouveau-né. Les Miens ne suffit pas à effacer le vôtre? »
« Oui ... mais vous allez loin ... et je dois rester ici ... »
Jonas, mon ami, ne me fais pas aller loin déprimée parce que je ne peux pas vous consoler ... »

« Je ne pleure pas, mon Seigneur ... Mais comment vais-je être capable de vivre sans te voir, maintenant que je sais que vous êtes en vie? »

Jésus caresse le vieil homme désespéré encore une fois et puis s'en va. Mais debout sur le bord de l'aire de battage misérable, Jésus s'étend Ses bras et bénit le pays. Puis il s'en va.

« Qu'avez-vous fait, Maître?» Demande Simon qui a remarqué le geste inhabituel...

« J'ai mis un sceau sur tout. Qu'aucun démon ne peut endommager les choses et ainsi causer des ennuis à ces pauvres gens. Je ne pouvais rien faire de plus ... »

« Maître, marchons un peu plus vite. Je voudrais vous dire quelque chose que je ne veux pas que les autres entendent. « Ils s'éloignent du groupe et Simon commence à parler : « Je voulais vous dire que Lazare a reçu des instructions pour utiliser mon argent pour aider tous ceux qui s'appliquent à lui au nom de Jésus. Ne pourrait-on libérer Jonas? Cet homme est usé et sa seule joie est d'être avec vous. Laissez-nous lui donner cela. Quel est son travail vaut la peine ici? Si au contraire, il était libre, il serait votre disciple dans cette belle plaine désolée encore. Les personnes les plus riches en Israël possèdent des terrains fertiles ici et ils les exploitent d'extorsion cruelle, exigeant un bénéfice centuple de leurs travailleurs. J'ai connu cela depuis des années. Vous ne serez pas en mesure d'arrêter ici longtemps, car la secte des Pharisiens règne sur le pays et je ne pense pas que ce ne sera jamais facile pour vous. Ces travailleurs opprimés et désespérés sont les plus malheureux en Israël. Votre entendu vous-même, pas même à la Pâque ont-ils la paix, elles ne peuvent pas prier, tandis que leurs maîtres sévères, avec des gestes solennels et expositions concernées, prendre des positions de premier plan en face de tous les peuples. Au moins, ils auront la joie de savoir que vous existez et d'écouter vos paroles répétées à leur disposition par celui qui ne modifie pas une seule lettre. Si vous acceptez Maître, s'il vous plaît dites-le, et Lazare fera ce qui est nécessaire. »

« Simon, j'ai savait pourquoi vous avez donné tous vos biens loin. Les pensées des hommes sont connues de moi. Et je vous aimais aussi en raison de cela. En rendant Jonas heureux, vous faites de Jésus heureux. Oh! Comment cela me tourmente de voir de bonnes personnes souffrent! Ma position d'un pauvre homme méprisé par le monde m'afflige seulement à cause de cela. Si Judas Me entendu, il dirait : « Mais n'êtes-vous pas la Parole de Dieu? Donnez l'ordre et ces pierres deviendront or et du pain pour les pauvres. « Il aurait répété le piège de Satan. Je suis impatient de satisfaire la faim de personnes. Mais pas de la manière dont Judas le souhaite. Vous n'êtes pas encore arrivé à maturité suffisante pour saisir la profondeur de ce que je veux dire. Mais je vais vous dire : si Dieu vit tout ce qu'il volerait ses amis. Il serait les priver de la chance d'être miséricordieux et de remplir le commandement de l'amour. Mes amis doivent posséder cette marque de Dieu en commun avec lui: la sainte miséricorde constituée par des actes et des mots. Et le malheur des autres donne Mes amis l'occasion de pratiquer. »

« Avez-vous compris ce que je veux dire? »

« Votre pensée est profonde. Je vais réfléchir à vos paroles. Et je m'humilie en je vois combien terne d'esprit je suis et combien Dieu est grand Qui veut que nous soyons doués avec tous ses attributs plupart douces, afin

qu'il puisse nous appeler Ses enfants. Dieu se révèle à moi dans ses multiples perfections par chaque rayon de lumière avec laquelle vous éclairer mon cœur. Jour après jour, comme un avancement dans un lieu inconnu, la connaissance de la chose immense qui est la perfection qui veut nous appeler ses « Enfants» progresse en moi et il me semble monter comme un aigle ou de plonger comme un poisson dans deux des profondeurs infinies comme le ciel et la mer, et je grimpe toujours plus haut et plonger plus profondément, mais je ne touche jamais la fin. Mais ce qui est, par conséquent, Dieu? »
« Dieu est la perfection inaccessible, Dieu est la parfaite beauté, Dieu est la puissance infinie, Dieu est l'essence incompréhensible, Dieu est le Bounty indépassable, Dieu est la miséricorde indestructible, Dieu est la Sagesse infinie, Dieu est l'Amour qui est devenu Dieu. Il est l'Amour! Il est l'Amour! Vous dites que plus vous savez que Dieu dans sa perfection, plus vous semblent monter et le plus profond pour plonger dans deux profondeurs infinies de bleu sans ombre ... Mais quand vous comprenez ce qui est l'Amour qui est devenu Dieu, vous ne serez plus monté ou plonger dans le bleu mais dans un tourbillon flamboyant et vous serez attiré vers une béatitude qui sera mort et la vie pour vous. Vous possédez Dieu, avec une possession parfaite, quand, par votre volonté, vous réussissez à comprendre et à lui mériter. Vous serez alors fixé dans sa perfection. »
« O Seigneur ... » exhale Simon, accablé.
Ils marchent en silence jusqu'à ce qu'ils atteignent la route où Jésus s'arrête pour attendre les autres.
Quand ils se regroupent à nouveau, Levi s'agenouille :
« Je devrais partir, Maître. Mais Votre serviteur Vous demande une faveur. Emmenez-moi à Votre mère. Cet

homme est un orphelin comme moi. Ne me refusez pas ce que Vous lui donnez, que je puisse voir le visage d'une mère ... »
« Venez. Ce qui est demandé au nom de Ma Mère, je l'accorde au nom de Ma Mère. »

Le soleil flamboyant, bien que sur le point de se coucher, descend vers le dôme vert-gris d'oliviers épais, chargés de petits fruits bien formés, mais ne pénètre que l'enchevêtrement des branches, juste assez pour fournir quelques œillets minuscules de lumière, alors que, d'autre part, la route principale, intégrée entre deux rives, est un ruban ardent, éblouissant et poussiéreux.

Seul et marchant vite parmi les oliviers, Jésus sourit à lui-même ... Il sourit encore plus joyeusement quand il atteint une falaise .... Nazareth .... son panorama scintillement dans la chaleur du soleil de plomb ... et Jésus commence à descendre et accélère son étape. Maintenant, sur le silence, route déserte, il a protégé sa tête de son manteau, et, plus garde le soleil, la marche est si rapide que le manteau souffle à ses côtés et derrière lui afin qu'il semble voler.

De temps en temps, la voix d'un enfant ou d'une femme à l'intérieur d'une maison ou d'un potager atteint Jésus où il se promène dans les endroits ombragés offerts par les arbres du jardin dont les branches s'étendent dans la route. Il se transforme en une demi-ombragée route où il y a des femmes réunis autour d'un bien cool et ils ont tous le saluer, l'accueillir en voix aiguës.

« Paix à vous tous ... Mais s'il vous plaît garder le silence. Je veux donner à ma mère une surprise. »
Sa belle-sœur vient de se finir avec une cruche d'eau fraîche. Mais elle est de retour. Ils sont laissés sans eau. Le printemps est sec ou l'eau est absorbée par la terre desséchée avant d'atteindre votre jardin. Nous ne savons pas. C'est ce que Marie d'Alphée disait. Là, elle est ... elle est à venir. »
N'ayant pas vu Jésus encore, la mère de Judas et James, avec une amphore sur la tête et une autre dans la main, est criant; « Je serai plus rapide de cette façon. Marie est très triste, parce que ses fleurs sont en train de mourir de soif. Ils sont ceux plantés par Joseph et Jésus et il lui brise le cœur de voir les flétrir. »
Mais maintenant qu'elle me voit ... » dit Jésus apparaissant derrière le groupe de femmes.
« Oh! Mon Jésus! Heureux Vous êtes! Je vais dire ... »
« Non J'irai. Donnez-moi les amphores. »
« La porte est à moitié fermée. Marie est dans le jardin. Oh! Quel bonheur Elle sera! Elle parlait de vous aussi ce matin. Mais pourquoi venir dans cette chaleur! Vous êtes tous la transpiration! Vous êtes seul? »
« Non Avec des amis. Mais je suis venu devant eux pour voir ma mère en premier. Et de Judas? »
« Il est à Capharnaüm. Il va souvent là. », Dit Mary. Et elle sourit comme elle sèche le visage mouillé de Jésus avec son voile.
Les lanceurs maintenant prêts, Jésus prend deux, attacher un à chaque extrémité de sa ceinture qu'il jette sur son épaule, puis prend un troisième dans sa main. Puis il s'éloigne, tourne autour d'un coin, arrive à la maison, pousse la porte, entre dans la petite pièce qui semble sombre en comparaison avec l'éclat du soleil à

l'extérieur. Lentement, il lève le rideau à la porte du jardin et il regarde.

Marie est debout près d'un rosier avec Son retour à la maison, pitié la plante desséchée. Jésus pose la cruche sur le sol et le cuivre tinte contre une pierre. « Êtes-vous déjà ici, Marie? », Dit sa mère sans se retourner.

« Venez, venez, regardez cette rose! Et ces lys pauvres. Ils seront tous mourir si nous ne les aidons. Apportez aussi quelques petites cannes de tenir cette tige tomber. »

« Je ferai tout ce que Vous, Mère. »

Marie vient ronde et pendant un moment, elle reste avec ses yeux grands ouverts, puis un cri Elle court avec les bras tendus vers son fils, qui a déjà ouvert ses bras et attend son avec le sourire le plus affectueux.

« Oh! Mon Fils! »

« Mère! Cher! »

Leur étreinte est une longue et s'aimer et Marie est tellement heureuse qu'elle ne se sent pas comment Jésus est chaud. Mais alors, elle le remarque : « Pourquoi, Fils, êtes-vous venu à ce moment de la journée? Vous êtes rouge pourpre et en sueur comme une éponge trempée. Venez à l'intérieur. Que je puisse sécher et rafraîchir Vous. Je mettrai Vous tunique frais et sandales propres. Mon Fils! Mon Fils! Pourquoi aller dans cette chaleur! Les plantes meurent à cause de la chaleur et vous, mes fleurs, vont sur. »

« Il devait venir à vous dès que possible, Mère. »

« Oh! Cher ! Avez-vous soif? Vous devez être. Je vais maintenant préparer ... »

« Oui, je suis assoiffé de Tes baisers, Mère. Et pour vos caresses. Permettez-moi de rester comme ça, avec ma tête sur votre épaule, comme quand j'étais un petit garçon ... Oh! Mère! Comme Vous me manquez!

« Dites-Moi de venir, le Fils, et je le ferai. Qu'est-ce que vous manque en raison de mon absence? La nourriture Vous aimez? Des vêtements propres? Un lit bien fait? Oh! Ma Joie, dites-Moi ce que vous avez manqué. Votre serviteur, mon Seigneur, s'efforcera de fournir. »
« Rien, mais vous ... »
Main dans la main, Mère et Fils vont dans la maison. Jésus est assis sur la poitrine, près du mur, embrasse Marie qui est en face de Lui, posant sa tête sur son cœur et ses baisers ici et là. Maintenant, Il la dévisage :
« Laissez-Moi Vous regarder à la teneur de mon cœur, sainte Mère de la mine. »
« Votre première tunique. Il n'est pas bon pour vous de rester si humide. Venez. » Jésus obéit. Quand il revient vêtu d'une tunique d'apparence fraîche, ils reprennent leur conversation douce.
« Je suis venu avec mes disciples et amis, mais je les ai laissé dans le bois de Milca. Ils viendront demain à l'aube. Je ... je ne pouvais pas attendre plus longtemps. Ma Mère! ... Et il embrasse ses mains. « Marie d'Alphée a disparu de nous laisser tranquilles. Elle a aussi compris comment j'étais anxieux d'être avec vous. Demain ... demain Vous assisterez à mes amis et je les Nazaréens. Mais ce soir, vous êtes mon amie et je suis à Vous. Je Vous ai apporté ... Oh! Mère : J'ai trouvé les bergers de Bethléem. Et je vous ai apporté deux d'entre eux: ils sont orphelins et vous êtes la mère de tous les hommes. Et d'autant plus d'orphelins. Et je vous ai apporté aussi celui qui a besoin de vous pour se contrôler. Et un autre qui est un homme juste et a tant souffert. Et puis Jean ... Et je vous ai apporté des souvenirs d'Elias, Isaac, Tobias, maintenant appelé Matthieu, Jean et Siméon. Jonas est le plus malheureux de tous. Je vais vous prendre à lui ...

Je lui ai promis. Je vais continuer à chercher les autres. Samuel et Joseph se reposent dans la paix de Dieu. »
«Étiez-vous à Bethléem? »
« Oui, maman. J'ai pris là, les disciples qui étaient avec moi. Et je vous ai apporté ces petites fleurs, qui poussaient près des pierres du seuil. »
« Oh! « Marie prend le desséchée tiges et les embrasse. «Et que dire d'Anne? »
« Elle est morte dans le massacre d'Hérode. »
« Oh! Pauvre femme! Elle aimait tellement de vous! «
« Les Bethléhemites ont beaucoup souffert. Mais ils n›ont pas été équitables pour les bergers. Mais ils ont beaucoup souffert ... »
« Mais ils étaient bons pour vous, alors! »
« Oui. Et c'est pourquoi ils sont à plaindre. Satan est jaloux de leur gentillesse passée et leur demande instamment de mauvaises choses. J'étais aussi à Hébron. Les bergers, persécutés ... »
« Oh! À ce point ?! »
« Oui, ils ont été aidés par Zacarias, qui leur ont obtenu un emploi et de la nourriture, même si leurs maîtres étaient des gens durs. Mais ils ne sont que des âmes et ils ont changé leurs persécutions et leurs blessures en de la vraie sainteté. Je les rassemblai. J'ai guéri Isaac ... et j'ai donné mon nom à un petit garçon ... Au Jutta, où Isaac languissait et où il est revenu à la vie, il y a maintenant un groupe innocent, nommée Marie, Joseph et Jesai ... »
« Oh! Votre nom! »
« Et le Vôtre et le nom de celui qui est Juste. Et à Kériot, la patrie d'un disciple, un Israélite fidèle est mort, reposant sur Mon cœur. De joie, après M'avoir trouvé ... Et puis ... Ah! Combien de choses ai-je à vous dire, Mon

Amie parfaite, douce Mère! Mais tout d'abord, je vous en prie, je vous demande d'avoir autant pitié de ceux qui viendront demain. Écoutez : ils m'aiment ... mais ils ne sont pas parfaits. Vous, Maîtresse de la vertu ... oh! Mère, aide-moi à les rendre bons ... Je voudrais les sauver tous ... » Jésus a glissé aux pieds de Marie. Elle apparaît maintenant dans Sa majesté maternelle.
« Mon fils! Qu'est-ce que Vous voulez que Votre pauvre Mère fasse mieux que Vous le faites? »
« Les sanctifier ... Votre vertu sanctifie. Je les ai emmenés ici délibérément, Mère ... un jour je Vous dirai : «Venez», car il sera alors urgent de sanctifier les âmes, afin que je puisse les trouver prêts à être utilisés. Et je ne pourrai pas par moi-même ... Votre silence sera éloquent comme mes paroles. Votre pureté aidera Ma puissance. Votre présence tiens Satan loin ... et Votre Fils, Mère, se sentira plus fort en sachant que vous êtes près de lui. Vous viendrez, n'est-ce pas, Ma douce Mère? »
« Jésus! Cher fils! J'ai le sentiment que Vous n'êtes pas heureux ... Quelle est le problème, Créature de Mon cœur? Le monde a-t-il été hostile à vous? Non? C'est un soulagement de le croire ... mais ... Oh! Oui. Je vais venir. N'importe où vous voulez, comme et quand vous le voulez. Même maintenant, sous ce soleil de plomb, ou par nuit, par temps froid ou humide. Vous voulez de moi? Je suis ici. »
« Non Pas maintenant. Mais un jour ... Comme il fait bon être dans notre maison. Et vos caresses! Laissez-moi dormir ainsi, avec ma tête sur vos genoux. Je suis tellement fatigué! Je suis toujours Votre petit fils ... » Et Jésus tombe vraiment endormi, fatigué et épuisé, assis sur la natte, sa tête sur les genoux de sa mère, qui caresse joyeusement Ses cheveux.

Le Lendemain Dans La Maison De Nazareth

Le lendemain, au lever du jour, Marie, dans sa robe bleu clair, pieds nus, légère et silencieuse comme un papillon, se déplace activement dans la maison, touchant les murs et d'autres objets. Puis, avec précaution, elle ouvre la porte d'entrée sans bruit, regarde la route déserte et laisse la porte entrebâillée.

Elle range. Elle ouvre portes et fenêtres, va dans l'atelier que le charpentier a abandonné depuis un bon moment. Elle y conserve à présent ses métiers à tisser et elle s'y affaire. Elle recouvre soigneusement l'un des métiers à tisser encore chargés d'un tissu qu'elle a récemment tissé et elle sourit en réfléchissant tandis qu'elle le regarde.

À l'extérieur dans le jardin, les colombes se posent sur Ses épaules. Elles voltigent d'une épaule à l'autre en se querellant, car elles sont jalouses de son amour. Marie se rend à l'armoire où elle entrepose des vivres pour y trouver quelques grains pour les colombes. Les oiseaux l'accompagnent. « Voilà. Restez ici aujourd'hui. Ne faites pas de bruit. Il est tellement fatigué ! »
Puis elle prend un peu de farine dans l'antichambre, à proximité du four en pierre, et se met à faire du pain. Elle

pétrit la pâte tout en souriant. Comme Mère sourit aujourd'hui ! Une fois de plus, Elle est la jeune mère de la Nativité, rajeunie de plus belle par sa joie.
Elle sépare une boule de pâte et la mettant de côté, elle la couvre avant de reprendre son travail. La pièce se réchauffe tandis que Ses cheveux revêtent une couleur plus claire, car ils sont légèrement saupoudrés de farine.

Marie d'Alphée arrive tout doucement. « Tu travailles déjà ? »
« Oui, je fais cuire du pain et regarde : les gâteaux de miel qu'il aime tant. »
« Tu confectionnes des gâteaux. La pâte est assez volumineuse. Je vais l'apprêter pour toi. »
Marie d'Alphée, une femme du pays plus robuste, travaille avec enthousiasme tandis que Marie mélange le beurre et le miel pour les gâteaux. Elle leur donne une forme bien ronde et elle les place sur une plaque de métal.
« Je ne sais pas comment informer Judas... Jacques n'ose pas... et les autres... »
Marie d'Alphée soupire.
« Simon Pierre arrive aujourd'hui. Il vient toujours avec du poisson le deuxième jour après le Sabbat. Nous l'enverrons à Judas. »
« S'il est prêt à aller... »
« Oh ! Simon ne me dit jamais non »
« Que la paix soit sur Ta journée », dit Jésus qui entre dans la pièce. Les deux femmes sursautent en entendant Sa voix :
« Tu es déjà debout ? Pourquoi ? Je voulais que Tu dormes... »
« J'ai dormi comme un enfant dans son berceau, Mère. Je

crains que Tu n'aies pas fermé l'œil de la nuit... »
« Je T'ai regardé dormir... Je le faisais toujours quand Tu étais bébé. Tu souriais toujours dans Ton sommeil et ce sourire demeurait dans Mon cœur tout au long de la journée comme une perle... Mais la nuit dernière, Fils, Tu ne souriais pas. Tu soupirais comme une personne affligée... » La douleur au cœur, Marie Le regarde.
« J'étais fatigué, Mère. Le monde n'est pas comme cette maison où tout est honnêteté et amour. Tu... Tu sais qui Je suis et Tu peux donc comprendre ce que j'éprouve en étant en contact avec le monde. C'est comme marcher sur un chemin boueux et fétide. Même si un homme est prudent, il finit par être éclaboussé de boue et la puanteur l'enveloppe même s'il s'efforce de ne pas respirer... Si c'est un homme qui aime la propreté et l'air pur, imagine combien cela est difficile... »
« Oui, Fils, Je comprends. Mais cela Me peine que Tu doives souffrir... »
« Maintenant, Je suis avec Toi et Je ne souffre pas. Il n'y a que le souvenir... Mais il est préférable d'augmenter la joie d'être avec Toi. » Et Jésus se penche pour embrasser Sa Mère.
Il fait aussi une caresse à l'autre Marie qui vient d'entrer et dont le visage est tout rouge après l'allumage du four.
« Nous devons informer Judas. » C'est la préoccupation de Marie de Zébédée.
« Ce n'est pas nécessaire. Judas sera ici aujourd'hui. »
« Comment le sais-Tu ? » Jésus sourit et se tait.
« Fils, Simon Pierre nous visite chaque semaine en ce jour. Il nous apporte les poissons qu'il a capturés au début de la nuit. Et il arrive ici peu après l'aube. Il sera heureux aujourd'hui. Simon est bon. Il nous aide toujours quand il est de passage. N'est-ce pas, Marie ? »

« Simon Pierre est honnête et bon », dit Jésus. « Mais l'autre Simon aussi, que tu rencontreras bientôt, est un homme de bon cœur. Je vais à leur rencontre. Ils doivent être sur le point d'arriver. »
Et Jésus s'éclipse alors que les femmes mettent le pain dans le four. Puis elles vont dans la maison où Marie porte des sandales et revient vêtue d'une robe de lin blanche comme neige.
Au bout d'un moment, alors qu'elles attendent, Marie d'Alphée dit : « Tu n'as pas eu le temps de finir ce travail. »
« J'aurai bientôt fini. Et Mon Jésus pourra se reposer à l'ombre sans avoir la tête accablée. »
On pousse la porte de l'extérieur. « Mère, voici Mes amis. Venez. »
Les disciples et les bergers entrent tous ensemble. Jésus tient les deux bergers par les épaules et les mène à Sa Mère : « Voici deux fils à la recherche d'une mère. Fais leur joie, Femme. »
« Vous êtes les bienvenus... Toi ?... C'est Lévi... Toi ? Je ne sais pas, mais à en juger par ton âge, comme Il Me l'a dit, tu dois être Joseph. Ce nom est doux et sacré dans cette maison. Venez, venez. C'est avec joie que Je vous le dis : Ma maison vous souhaite la bienvenue. C'est une Mère qui vous embrasse en reconnaissance de l'amour que vous manifestez à l'égard de Mon Enfant à travers votre père. »
Les bergers semblent pétrifiés, tellement ils sont ravis.
« Oui, Je suis Marie. Vous avez aperçu la Bienheureuse Mère. Je suis toujours la même. Aussi, maintenant, Je suis heureuse de voir Mon Fils parmi des cœurs fidèles. »
« Et voici Simon, Mère. »
« Tu as mérité la grâce parce que Tu es bon. Je le sais. Et

que la grâce de Dieu soit toujours avec toi. »
Simon, qui est le plus expérimenté dans les coutumes du monde, s'incline au sol, les bras croisés, et il dit : « je Te salue, vraie Mère de grâce, et maintenant que j'ai rencontré aussi bien la Lumière que Toi qui es plus douce que la lune, je n'ai rien d'autre à demander au Père Eternel. »
« Et voici Judas de Kerioth. »
« J'ai une mère, mais mon amour pour elle s'efface devant le respect que je ressens pour Toi. »
« Non, pas pour Moi. Pour Lui. Je suis, seulement parce qu'Il est. Je ne veux rien pour Moi. Tout ce que Je demande n'est que pour Lui. Je sais comment vous honorez Mon Fils dans votre ville. Mais Je vous le dis : que vos cœurs soit le lieu où Il reçoit le plus grand des honneurs que vous Lui faites. Et Je vous bénirai avec le cœur d'une Mère. »
« Mon cœur est sous la plante des pieds de Ton Fils. Une oppression heureuse. Seule la mort pourra mettre fin à ma loyauté. »
« Et voici notre Jean, Mère. »
« Je ne suis plus inquiète depuis que Je sais que tu es avec Mon Jésus. Je te connais et mon esprit est en paix quand Je sais que Tu accompagnes Mon Fils. Je te bénis, Je te donne Ma paix. » Elle l'embrasse.
La voix rude de Pierre se fait entendre de dehors : « Voici ce pauvre Simon qui vient présenter ses salutations et... » Il entre et il est stupéfait. Puis il jette au sol. Un panier rond pend à son épaule. Il tombe à genoux en disant : « Ah ! Seigneur Eternel ! Mais... Non, Tu n'aurais pas dû me faire cela, Maître ! Tu es ici... et Tu ne l'as pas fait savoir au pauvre Simon ! Que Dieu Te bénisse, Maître ! Comme je suis heureux ! Je ne supporterai pas une

minute de plus loin de Toi ! » Et il caresse la main de Jésus sans écouter Celui qui continue à répéter : « Lève-toi, Simon. Vas-tu te lever ? »
« Oui, je vais me lever. Mais... hé, toi, garçon ! » dit Pierre à Jean. « Tu aurais pu me le dire ! Maintenant, cours vite. Va à Capharnaüm et dis aux autres... et à la maison de Judas d'abord. Ton fils est sur le point d'arriver, femme... Dépêche-toi ! Imagine que tu es un lièvre pourchassé par des chiens. »
Jean s'en va en riant.
Pierre finit par se lever tout en gardant la main mince de Jésus dans sa main courte et trapue marquée par des veines gonflées. Il la baise sans la laisser aller, même s'il semble vouloir remettre le poisson du panier qui est tombé à terre. « Hé ! Non. Je ne veux pas Te laisser repartir sans moi. Plus jamais, plus jamais je ne resterai si longtemps sans Te voir ! Je Te suivrai comme une ombre suit un corps et comme la corde suit l'ancre. Où étais-Tu, Maître ? Je ne cessais de me demander : « Oh ! Où sera-t-Il ? Que fera-t-Il ? Et ce garçon, Jean, pourra-t-il prendre soin de Lui ? S'assurera-t-il que Jésus ne se fatigue pas trop ? Qu'il ne Lui manque pas de nourriture ? » Ah ! Je Te connais... Tu as perdu du poids ! Oui, Tu en as perdu. Il n'a pas pris bon soin de Toi ! Je vais le lui dire... Mais où étais-Tu, Maître ? Tu ne me réponds pas ! »
« J'attends que Tu me donnes une chance de dire un seul mot ! »
« C'est vrai. Mais... ah ! Te voir, c'est comme boire du vin nouveau. Sa seule odeur te monte à la tête. Oh ! Mon Jésus. » Pierre a presque des larmes de joie.
« Tu m'as manqué, toi aussi. Vous M'avez tous manqué même si J'étais en compagnie d'amis chers. Voici, Pierre.

Ces deux hommes M'aiment depuis que Je suis bébé. Mieux encore ! Ils ont souffert à cause de Moi. Voici un fils qui a perdu son père et sa mère à cause de Moi. Mais maintenant il a tellement de frères en vous tous, n'est-ce pas ? »

« Bien sûr, Maître. Si par hasard, le diable T'aimait, je l'aimerais bien aussi parce qu'il T'aime. Je vois que tu es pauvre, toi aussi. Nous sommes donc égaux. Viens ici, que je puisse T'embrasser. Je suis un pêcheur, mais mon cœur est plus tendre que celui de la colombe. Et c'est sincère. Ne fais pas attention à ma brutalité. Je suis dur à l'extérieur. À l'intérieur, je suis tout de beurre et de miel. Mais avec de bonnes personnes... parce qu'avec les méchants... »

« Et voici le nouveau disciple. »

« Je pense l'avoir déjà rencontré... »

« Oui, c'est Judas de Kerioth et Ton Jésus a été accueilli dans cette ville grâce à lui. Je vous demande de vous aimer les uns les autres, même si vous venez de différentes régions. Vous êtes tous frères dans le Seigneur. »

« Et je vais le traiter comme un frère s'il se comporte comme un frère. Hé ! Oui... (Pierre regarde Judas comme pour lui donner un bref avertissement). Oui, j'aimerais être franc avec vous pour que vous me compreniez facilement et correctement. Laissez-moi vous dire que je n'ai pas une grande estime des Judéens en général et des citoyens de Jérusalem en particulier. Mais je suis honnête. Et sur mon honnêteté, je peux vous assurer que je mettrai de côté tous les préjugés que j'ai sur vous. En vous je ne veux voir que des condisciples. C'est à vous maintenant de ne pas me faire changer d'avis et de décision. »

« As-tu aussi des idées préconçues sur moi, Simon ? »
demande le zélote, tout sourire.
« Oh ! Je ne t'avais pas vu. En ce qui te concerne ? Oh !
Non, tu es l'image même de l'honnêteté. La bonté jaillit de
ton cœur comme la douce odeur d'huile dans un vase
poreux. Et tu es un homme âgé, ce qui n'est pas toujours
un gage de mérite. Parfois, plus on est âgé, plus on
devient faux et on s'empire. Mais tu es de ceux qui se
comportent comme des vins millésimés. Plus ils
vieillissent, plus ils sont meilleurs et plus purs. »
« Ton jugement est juste, Pierre », dit Jésus. « Viens
maintenant. Pendant que les femmes travaillent pour
nous, arrêtons-nous sous la charmille fraîche. Comme
c'est bon d'être avec des amis ! Nous irons ensuite tous
ensemble en Galilée et au-delà. À vrai dire, pas tous.
Maintenant que Lévi est satisfait, il retournera voir Elias
pour lui dire que Marie lui envoie ses salutations. Est-ce
que ça Te convient, Mère ? »

« Dis-lui aussi que Je le bénis, lui ainsi qu'Isaac et les
autres ! Mon Fils a promis de M'emmener avec Lui... et
Je viendrai à vous, les premiers amis de Mon Enfant. »
« Maître, je voudrais que Lévi apporte à Lazare la lettre
que Tu connais. »
« Apprête-la, Simon. Aujourd'hui, nous passerons la
journée à fêter. Lévi partira demain soir à temps pour
arriver avant le Sabbat. Venez, mes amis... »
Et ils vont dans le jardin potager verdoyant.

Jésus Sur Le Lac Tibériade. Leçons À Ses Disciples Près De La Ville

Jésus et Ses treize disciples sont dans deux bateaux sur le lac de Galilée. Jésus est avec Pierre dans le bateau de Pierre accompagné d'André, Simon, Joseph et de Ses deux cousins, Judas Thaddée et Jacques.
Les deux fils de Zébédée, Jean et Jacques, sont dans le deuxième bateau aux côtés de Judas Iscariote, Philippe, Thomas, Nathaniel et Matthieu.
Les deux bateaux qui ne servaient pas à la pêche, mais uniquement à la traversée, naviguent rapidement au gré d'un vent frais du nord qui ondule légèrement l'eau en laissant une fine dentelle d'écume sur le bleu turquoise du magnifique lac clair.
Les deux bateaux naviguent ensemble, le bateau de Pierre devançant le second de quelques mètres. Leur passage laisse deux sillons qui se rejoignent presque immédiatement pour former une écume claire, agréable et pétillante.
Étant seulement à quelques mètres les uns des autres, les disciples échangent des remarques et commentaires. Les Galiléens montrent et expliquent les différents coins du lac aux Judéens, leurs métiers, les personnes importantes qui vivent dans la région, la distance entre Capharnaüm, leur point de départ, et le lieu d'arrivée à

Tibériade.

Assis à la proue, Jésus profite de la beauté de la nature qui L'entoure : le calme, le ciel bleu et le lac bleu avec son rivage circulaire sur lequel de nombreux villages blancs se détachent du vert de la campagne.

Presque couché sur une pile de voiles au bout de la proue, Il ne fait aucun cas de la conversation des disciples. Souvent, Il baisse la tête pour regarder le miroir de saphir du lac ou comme pour en étudier la profondeur et les créatures qui vivent dans l'eau claire.
À deux reprises, Pierre s'adresse à Lui pour savoir si le soleil Le dérange. Le soleil s'est déjà levé de l'est et il brille maintenant de mille feux sur le bateau tiède, quoique pas chaud. La seconde fois, Pierre veut savoir si Jésus veut du pain et du fromage comme les autres. Mais Jésus ne veut ni tente ni pain. Pierre Le laisse tranquille.

Quelques petits bateaux de plaisance de la taille d'une chaloupe et équipés de verrières pourpres et de coussins moelleux croisent le parcours des bateaux des pêcheurs. Ils sont accompagnés de cris, d'éclats de rire et d'odeur de parfum. Les bateaux de plaisance sont remplis de belles femmes, de Romains joviaux, de quelques Palestiniens et d'une poignée de Grecs. Un jeune homme mince, brun comme une olive presque mûre et élégamment vêtu d'une tunique rouge courte ayant de lourdes bordures grecques et serrée à la taille par une ceinture digne d'un orfèvre, dit :
« La Grèce est magnifique ! Mais même ma patrie olympique n'a pas ce bleu et ces fleurs. Il n'est pas vraiment surprenant que les déesses l'aient quittée

pour venir ici. Répandons des fleurs, des roses et nos compliments sur les déesses, non pas les grecques, mais les juives ». Et il jette sur les femmes de son bateau de magnifiques pétales de rose. Il en jette aussi dans un bateau à proximité.
Un Romain rétorque : « étale-les, étale-les, le Grec ! Mais Vénus est avec moi. Je ne répands pas de roses, je les cueille de cette belle bouche. C'est plus sucré ! » Et se penchant, il embrasse les lèvres souriantes et entrouvertes de Marie de Magdala. Elle s'allonge sur des coussins, la tête blonde reposant sur la cuisse du Romain.

Les petites embarcations sont maintenant devant les deux bateaux principaux. Les bateaux échappent de justesse à une collision en raison de l'inexpérience des rameurs et des rafales de vent soudaines.
« Fais attention si tu tiens à la vie », hurle Pierre qui vire brusquement et déplace la barre pour éviter une collision. Les insultes des hommes et les cris effrayés des femmes fusent de bateau à bateau.
« Faites place, sales chiens de juifs ». Les Romains insultent les Galiléens.

Pierre et les autres galiléens ne se laissent pas insulter. Pierre, enflammé comme un coq, se dresse sur le bord du bateau qui tangue dangereusement et, les mains sur les hanches, répond du tac au tac et sans distinction entre Romains, Grecs, Juifs et Juives. Il assaille les femmes de qualifications si peu courtoises que l'on ne peut les répéter. L'échange ne prend fin que lorsque l'enchevêtrement des quilles et des avirons se relâche. C'est alors que les bateaux prennent chacun leur chemin.

Pendant tout cet accrochage, Jésus ne bouge pas d'un pouce. Il reste assis, l'esprit bien au loin, sans même le moindre regard ni la moindre parole à l'endroit des bateaux ou de ses passagers. S'appuyant sur un coude, Il contemple le rivage lointain comme si de rien n'était. Une femme Lui jette une fleur en riant, mais Il ne bronche pas. La fleur frappe presque Son visage, puis tombe sur les planches pour finir sous le pied d'un Pierre furieux. Alors que les bateaux s'apprêtent à s'éloigner, la Magdaléenne se lève et suivant la direction que désigne de l'un de ses vicieux partenaires, elle tourne ses jolis yeux vers le visage serein de Jésus dont l'esprit est encore si loin. Comme ce visage est loin de ce monde !...

« Simon ! », demande Judas Iscariote. « Puisque tu es Judéen comme moi, dis-moi. Cette belle blonde sur les genoux du Romain, celui qui s'est levé il y a quelques instants, n'est-ce pas la sœur de Lazare de Béthanie ? »
« Je ne sais pas », répond brutalement Simon le Cananéen. « Je suis revenu parmi les vivants il y a bien peu de temps. C'est une jeune femme... »
« Tu ne vas pas me dire que tu ne connais pas Lazare de Béthanie, j'espère ! Je sais très bien que tu es son ami et que tu es allé le visiter avec le Maître. »
« Et alors ? »
« Puisque c'est le cas, je dis que tu dois aussi connaître cette pécheresse, la sœur de Lazare. Même les morts la connaissent ! Ces dix dernières années, on ne parle que d'elle. Elle est écervelée depuis qu'elle a atteint la puberté. Ça fait plus de quatre ans ! Tu dois bien être au courant du scandale même si tu étais dans la « vallée

des morts ». Tout Jérusalem parle d'elle. Et Lazare s'est enfermé à Béthanie... Il a bien agi, après tout. Personne n'aurait mis les pieds dans sa magnifique maison à Sion parce qu'elle y faisait des va-et-vient. Je veux dire : aucune personne qui mène une vie de sanctification. À la campagne... Eh bien !... En tout cas, elle est toujours dans les parages, mais jamais à la maison... Elle est certainement à Magdala maintenant... Avec un nouvel amant. Tu n'as rien à dire ? Quel mensonge vas-tu me dire ? »

« Je ne te mens pas. Je me tais. »

« Alors c'est bien elle ! Toi aussi, tu l'as reconnue ! »

« Je l'ai vue quand elle était enfant et elle était pure à l'époque. Je viens à peine de la revoir... Mais je l'ai reconnue. Elle semble lubrique, mais elle est l'image crachée de sa mère, une sainte femme. »

« Mais alors, pourquoi étais-tu sur le point de nier qu'elle est la sœur de ton ami ? »

« On s'efforce toujours de dissimuler nos plaies et celles des personnes que nous aimons. Surtout quand la personne est honnête. »

Judas pousse un rire forcé.

« Tu as parfaitement raison, Simon. Et tu es honnête », rétorque Pierre.

« Et tu l'as bien reconnue ? Tu vas probablement à Magdala vendre tes poissons. Je me demande combien de fois tu l'as aperçue !... »

« Fiston, tu dois savoir qu'à la fin d'une honnête journée de travail, tu as le dos tellement endolori que les femmes ne t'intéressent pas. Tu ne désires qu'une chose : le lit honnête de ton épouse. »

« Eh bien ! Tout le monde aime les belles choses ! Au moins pour les contempler. »

« Pourquoi ? Pour dire : « Ce n'est pas une nourriture pour ma table » ? Non, certainement pas. Le lac et mon métier m'ont appris beaucoup de choses. Voici l'une d'entre elles : un poisson d'eau douce ne convient ni à l'eau salée ni aux eaux tourbillonnantes. »
« Que veux-tu dire ? «
« Je veux dire que tout le monde doit garder sa place pour éviter de mourir d'une mauvaise mort »
« La Magdaléenne t'a-t-elle donné la sensation d'être mourant ? »
« Non, je suis résistant. Mais dis-moi : tu ne te sens pas bien, peut-être ? »
« Moi ? Oh ! Je ne l'ai même pas regardée !...»
« Menteur ! Je suis sûr que tu brûlais d'envie de t'approcher d'elle, que tu aurais voulu ne pas être sur ce bateau... tu m'aurais même toléré pour être plus près d'elle... C'est à cause d'elle que tu me fais l'honneur de cette conversation après m'avoir ignoré un bon moment. »
« Moi ? Elle ne m'aurait même pas vu ! Elle ne regardait que le Maître ! »
« Ah ! Ah ! Ah ! Et il prétend ne pas l'avoir regardée ! Comment sais-tu qui elle regardait si tu ne la regardais pas ? »
Ils rient tous à cause de la remarque de Pierre, sauf Judas, Jésus et Simon Zélote.

« Est-ce Tibériade ? » demande Jésus à Pierre, mettant fin à la discussion qu'Il feint ne pas avoir entendue.
« Oui, Maître, c'est Tibériade. Je vais accoster maintenant. »
« Attends. Peux-tu t'arrêter dans cette petite baie tranquille ? Je voudrais M'adresser à vous en privé. »
« Je vais mesurer la profondeur et Te tenir au courant. »

Et Pierre abaisse une longue perche dans l'eau et se déplace lentement vers le rivage. « Oui, je peux accoster, Maître. Dois-je aller plus près de la rive ? «
« Aussi loin que possible. Il y a de l'ombre et de la solitude. J'aime cela. »
Pierre se dirige vers le rivage et lorsque le bateau est à environ quinze mètres de la rive, il dit : « J'accosterais maintenant. »
« Arrête. Approchez-vous aussi près que possible et écoutez. »
Jésus quitte Sa place et s'assoit au milieu du bateau sur une planche placée en travers. Les disciples s'assoient autour de Jésus tandis que l'autre bateau est en face de Lui.

« Écoutez. Vous croyez que Je n'ai pas fait attention à votre conversation et que par conséquent, Je suis un enseignant paresseux qui ne veille pas sur Ses élèves. Vous devez savoir que Mon âme ne vous quitte pas un seul instant. Avez-vous déjà vu un médecin qui examine un patient atteint d'une maladie qu'il n'a pas encore diagnostiquée et dont les symptômes sont confus ? Il veille sur lui. Après lui avoir rendu visite, il l'observe quand il dort et quand il est éveillé, le matin et le soir. Il l'observe quand il parle et quand il est silencieux parce que chaque symptôme peut aider à identifier la maladie cachée et suggérer un remède. Je fais de même avec vous. Je vous tiens au moyen de fils invisibles qui sont greffés en Moi et qui Me transmettent les moindres vibrations de votre ego. Je vous laisse croire que vous êtes libres, que vous pouvez laisser transparaître ce que vous êtes. C'est ce qui se passe lorsqu'un écolier ou un maniaque pense qu'il n'est plus sous surveillance.

Vous êtes un groupe de personnes, mais vous formez un noyau, c'est-à-dire une seule entité. Vous êtes donc une unité qui forme un seul corps et dont les caractéristiques individuelles, bonnes ou mauvaises, doivent être examinées de manière à la façonner, la fusionner, l'arrondir, en augmenter les côtés et en faire une unité parfaite. C'est pourquoi Je vous étudie. Et Je vous étudie également pendant votre sommeil.

Qui êtes-vous ? Que deviendrez-vous ? Vous êtes le sel de la terre. C'est ce que vous devez devenir : le sel de la terre. Avec du sel, la viande et beaucoup d'autres aliments sont à l'abri de la putréfaction. Mais si le sel n'était pas salé, à quoi pourrait-il servir ? Je veux Me servir de vous pour saler le monde, pour lui donner une saveur céleste. Mais comment pouvez-vous le saler si vous devenez insipides ?

Qu'est-ce qui peut vous faire perdre votre saveur céleste ? Ce qui est humain. L'eau de mer, Je parle de la vraie eau de mer, est tellement salée qu'elle n'est pas bonne à boire, n'est-ce pas ? Et pourtant, si on prend une tasse d'eau de mer et on en verse le contenu dans une amphore d'eau douce, elle devient buvable parce que l'eau de mer est tellement diluée qu'elle a perdu sa teneur. L'humanité est comme une eau douce mélangée à votre salinité céleste. Encore une fois, supposons que nous dirigions un petit cours d'eau de mer pour qu'il se déverse dans ce lac, seriez-vous en mesure de retracer ce minuscule cours d'eau ? Non, il se perdrait dans l'eau douce. C'est ce qui vous arrive quand vous immergez ou plutôt lorsque vous plongez votre mission dans une abondance d'humanité.

Vous êtes des hommes. Je le sais. Et qui suis-Je ? Je suis Celui qui dispose toutes les forces possibles. Et que dois-Je faire ? Je vous transmets cette force après vous avoir appelés. Mais à quoi bon vous la transmettre si vous la dissipez sous des avalanches d'influences et de sentiments humains ?

Vous êtes, vous devez être la lumière du monde. Je vous ai choisis, Moi, la Lumière de Dieu parmi les hommes, pour que vous continuiez à éclairer le monde après Mon retour vers le Père. Mais pouvez-vous éclairer si vous êtes des lampes enfumées qui sont éteintes ? Non, pas avec votre fumée – une fumée ambigüe est pire qu'une mèche complètement éteinte – vous assombririez la faible lumière qui pourrait se trouver encore dans le cœur des hommes.
Oh ! Malheur à ceux qui se fient aux apôtres pour trouver Dieu, car au lieu de la lumière, ils recevront de la fumée ! Ça sera une pierre d'achoppement pour eux et leur mort. Mais l'apôtre indigne sera maudit et puni. Votre destin est grand ! Et tel est votre engagement ! Mais n'oubliez pas que ceux qui ont reçu plus doivent donner plus. Et vous avez reçu le plus de formation et de dons. Je vous ai formés, Moi la Parole de Dieu et Dieu vous accorde le don d'être « les disciples », autrement dit les continuateurs de l'œuvre du Fils de Dieu.

Je voudrais que vous méditiez sur votre élection pour vous examiner soigneusement, pour vous évaluer vous-mêmes. Si l'un de vous croit qu'il vaut mieux rester un simple croyant et qu'il ne ressent pas en lui la force d'un apôtre, qu'il se retire.
Le monde est grand, beau, adéquat et diversifié pour

ceux qui l'aiment ! Il offre toutes les fleurs et tous les fruits qui satisfont l'estomac et les sens. Je ne vous propose qu'une chose : la sainteté. Et sur la terre, c'est la chose la plus vile, la plus basse, la plus dure, la plus épineuse et la plus persécutée qui existe. Au Ciel, sa méchanceté devient immensité, sa pauvreté devient richesse, son côté épineux se transforme en un tapis fleuri, sa dureté en un sentier lisse et agréable, sa persécution en paix et en béatitude. Mais ici bas, être saint, c'est un travail de héros. C'est tout ce que Je peux offrir.

Êtes-vous disposés à rester avec Moi ? N'avez-vous pas envie de demeurer avec Moi ? Oh ! Ne soyez pas surpris ou désolés. Vous M'entendrez vous répéter cette question. Et quand vous l'entendez, Je vous prie de croire que Mon cœur pleure en la posant parce qu'il est blessé par l'insensibilité que vous manifestez envers votre vocation. Examinez donc vos propres consciences, jugez avec honnêteté et sincérité, et après décidez-vous. Décidez-vous pour ne pas devenir dépravés. Dites : Maître, amis, je me rends compte que je ne suis pas fait pour cette vie. Je vous fais donc mes adieux et je vous demande de prier pour moi. Il vaut mieux partir que trahir. C'est de loin préférable... Que dites-vous ? Qui trahissons-nous ? Qui ? Moi. Ma cause, qui est la cause de Dieu, parce que Je suis Un avec le Père. Et vous-mêmes. En vérité, vous vous trahissez vous-mêmes, vous trahissez vos âmes en les donnant à Satan. Vous souhaitez rester juifs ? Je ne vous forcerai pas à changer. Mais pas de trahison. Ne trahissez pas vos âmes, le Christ et Dieu. Je vous jure que ni Moi ni ceux qui Me sont fidèles n'allons vous critiquer. L'assemblée des fidèles ne vous méprisera pas.

Tout à l'heure, un de vos frères a dit une bonne parole :
« Nous nous efforçons toujours de dissimuler nos plaies
et celles des personnes que nous aimons. » Et celui qui
désire Me quitter est telle une plaie, un cancer. Après
avoir crû dans notre corps apostolique, sa gangrène
généralisée l'en détacherait, laissant une marque
douloureuse que nous garderions soigneusement à l'abri
des regards.
Non, ne pleurez pas, vous qui êtes parmi les meilleurs.
Ne pleurez pas. Je vous ne vous en veux pas. Je ne
m'offusque pas de votre lenteur. Vous venez à peine
d'être choisis et Je ne M'attends pas à ce que vous
soyez parfaits. Je ne l'exigerai même pas dans quelques
années, après avoir vainement répété cent ou deux cents
fois les mêmes instructions. Non, écoutez : dans quelques
années, vous serez moins fervents que maintenant que
vous êtes novices.
Telle est la vie... telle est l'humanité... Vous perdez de
l'élan après le premier saut. (Jésus se lève) Mais Je
vous jure que Je vais gagner. Vous, les plus aboutis,
deviendrez Mes héros après avoir été purifiés par la
sélection naturelle et fortifiés par le surnaturel. Les héros
du Christ. Les héros du Ciel. La puissance des Césars
sera comme la poussière par rapport à la noblesse de
votre sacerdoce. Vous, pauvres pêcheurs de Galilée,
vous, Judéens inconnus, vous, de simples numéros
dans la mer des humains, deviendrez plus célèbres, les
plus célèbres, plus vénérés que César et que tous les
Césars que le monde ait jamais connus. Très bientôt,
vous serez célèbres et bénis, et cela persistera pendant
de longs siècles jusqu'à la fin du monde. Je vous accorde
ce sublime destin parce que vous êtes réellement bien
disposés. Et Je vous enseigne les caractéristiques

essentielles du caractère apostolique afin de vous préparer à votre destin.
Soyez toujours sur vos gardes et prêts. Ceignez toujours vos reins et que votre lampe reste allumée en permanence comme si vous alliez sortir à tout moment ou courir à la rencontre d'une personne qui arrive. En vérité, vous êtes des pèlerins infatigables et vous le serez jusqu'à la mort. Tant que la mort ne les éteint pas, levez vos lampes pour qu'elles éclairent le chemin des âmes égarées qui reviennent dans la bergerie du Christ.

Vous êtes fidèles au Maître qui vous a nommés à ce service. Le serviteur que le Maître trouve toujours vigilant et que la mort surprend dans un état de grâce sera récompensé. Vous ne pouvez pas et ne devez pas dire : je suis jeune, j'ai le temps de faire ceci et cela, et ensuite je vais penser à mon Maître, ma mort, mon âme ! Les jeunes meurent comme les vieux et les hommes forts comme les plus faibles. Les vieux et les jeunes, les forts et les faibles sont tous soumis aux assauts de la tentation. Soyez prudents parce que l'âme peut mourir avant le corps et sans le savoir, vous pouvez avoir en vous une âme putride. La mort de l'âme est donc imperceptible ! Elle ressemble à la mort d'une fleur. Pas un cri, pas une convulsion... Elle incline sa flamme comme une corolle fatiguée et s'éteint. Plus tard, parfois même longtemps après, parfois immédiatement après, le corps se rend compte qu'il transporte un cadavre vermineux en lui. Effrayé, il perd la tête et se suicide pour éviter telle union... Oh ! Il ne peut l'éviter ! Il tombe dans un nid de serpents dans la Géhenne avec son âme toute vermineuse. Ne soyez pas malhonnête comme les négociants ou les marchands sournois qui se rangent du côté de deux clients opposés. Ne soyez pas faux comme les politiciens qui appellent celui-ci et celui-là « ami » alors qu'ils sont en même temps ennemis de l'un comme de l'autre. N'agissez pas de deux façons différentes. Vous ne pouvez pas rire de Dieu ni Le tromper. Comportez-vous avec les hommes comme vous le faites avec Dieu, car lorsque vous insultez l'homme, vous insultez Dieu. Laissez Dieu vous voir comme vous aimeriez être vu par les hommes.

Soyez humbles. Vous ne pouvez pas reprocher à votre Maître de ne pas l'être. Je donne l'exemple. Faites ce que Je fais. Soyez humbles, doux, patients. Voilà comment vous gagnerez le monde. Pas par la violence ou la force. Usez de force et de violence contre vos vices. Exterminez-les au risque de vous briser le cœur. Il y a quelques jours Je vous ai dit de veiller sur vos yeux. Mais vous ignorez comment le faire. Je vous le dis : il est préférable de devenir aveugle en vous ôtant des yeux avides plutôt que de devenir lubriques.

Soyez sincères. Je suis la Vérité : aussi bien dans les choses humaines que dans les sublimes. Je veux que vous soyez authentiques, vous aussi. Pourquoi être malhonnête envers Moi, vos frères ou votre prochain ? Pourquoi tromper les gens ? Fiers tel que vous l'êtes, pourquoi ne dites-vous pas : « Je ne veux pas qu'on découvre que je suis un menteur » ? Et soyez sincères avec Dieu. Croyez-vous pouvoir Le tromper avec de longues prières ? Oh ! pauvres enfants ! Dieu sonde vos cœurs !

Soyez chaste dans le bien. Donnez aussi l'aumône. Un

collecteur d'impôts était capable de le faire avant sa conversion. Et vous n'en êtes pas capables ? Oui, Je te félicite, Matthieu, pour tes dons hebdomadaires. Seul le Père et Moi savions qu'ils venaient de toi et Je parle de toi à titre d'exemple. Ainsi, c'est une forme de chasteté, mes amis. Ne pas proclamez pas votre bonté, car vous ne déshabilleriez pas votre jeune fille devant une foule de gens. Soyez vierges dans le bien. Un bon acte est vierge quand il est dépourvu de toute pensée de fierté et de louange ou de tout motif d'orgueil.

Soyez fidèles à votre vocation spirituelle. On ne peut servir deux maîtres. Un lit nuptial ne peut pas porter deux épouses en même temps. Dieu et Satan ne peuvent pas partager vos étreintes. Tout comme Dieu et Satan, un homme ne peut embrasser trois personnes à la fois lorsque celles-ci s'embrassent les unes les autres. Résistez à la soif de l'or ainsi qu'à la convoitise de la chair et à l'ivresse du pouvoir. C'est ce que Satan vous offre. Oh ! Comme ses richesses sont trompeuses ! Honneur, puissance, succès, richesse : d'obscènes marchés où vos âmes ont cours légal. Contentez-vous de peu. Dieu vous donne ce qui est nécessaire. C'est suffisant. Il vous le garantit tout comme Il le fait pour les oiseaux du ciel. Et vous valez beaucoup plus que les oiseaux. Mais Il vous demande de dépendre de Lui et de faire preuve de modération. Si vous comptez sur Lui, Il ne vous décevra pas. Si vous êtes modérés, Sa provision quotidienne sera suffisante.

Ne soyez pas des païens en prétendant n'être de Dieu que de nom. Ce sont les païens qui aiment l'or et la puissance plus qu'ils n'aiment Dieu pour se faire passer pour des demi-dieux. Soyez saints et vous serez comme Dieu dans l'éternité. Ne soyez pas intolérants. Puisque vous êtes tous pécheurs, traitez les autres comme vous aimeriez qu'ils vous traitent, c'est-à-dire avec compassion et pardon.

Ne jugez pas. Oh ! ne jugez pas ! Vous êtes avec Moi depuis peu de temps et pourtant vous avez vu combien de fois on M'a mal jugé et accusé à tort de péchés malgré mon innocence. Un mauvais jugement est une insulte. Et seuls les vrais saints ne se vengent pas. Abstenez-vous donc d'offenser pour que vous ne soyez pas offensés. Ainsi, vous n'échouerez pas dans vos obligations envers la charité, la sainteté, l'humilité et la chasteté. Ces choses sont l'ennemi de Satan. Pardonnez, pardonnez toujours. Dites : « je pardonne, Père, pour que Tu me pardonnes aussi mes innombrables péchés. »

Grandissez chaque heure en patience, en persévérance, en héroïsme. Qui vous a dit qu'il n'est pas douloureux de devenir bon ? Non, Je vous le dis : c'est le plus grand travail. Mais votre récompense se trouve dans les Cieux et ainsi, ça vaut la peine de vous épuiser en faisant ce travail.

Et l'amour. Oh ! Quels mots faudrait-il utiliser pour vous persuader d'aimer ? Aucune parole ne peut vous convertir à l'amour, pauvres hommes poussés à la haine par Satan ! Alors Je dis : « Père, hâte l'heure de la purification. Cette terre et Ton troupeau sont secs et malades. Mais il y a une rosée qui peut les nettoyer et les apaiser. Ouvre Ta fontaine. Ouvre-Moi, Père. Je brûle du désir d'accomplir Ta volonté, qui est aussi la Mienne.

Je brûle d'amour éternel. Père, Père, Père ! Regarde Ton Agneau et Sois-en le Sacrificateur. »
Jésus est profondément inspiré ; Il se tient debout avec les bras tendus sous forme de croix et Il lève le visage vers le Ciel. Vêtu de Sa tunique en lin et avec le lac bleu derrière lui, Jésus ressemble à un Archange en prière.

Jésus Reçoit Des Lettres Au Sujet De Jonas Dans La Ville Côtière

C'est une belle ville côtière avec un vaste golfe naturel et bien protégé qui a la capacité de recevoir de nombreux navires. Au port, rendu encore plus sûr par le mur massif du port, se trouvent des galères de guerre romaines avec des soldats à bord. Les soldats sont en train de débarquer soit pour relever les troupes ou pour renforcer la garnison.

Jésus et Ses disciples sont assis tranquillement avec les résidents dans une modeste demeure de pêcheurs à proximité du port, probablement les amis de Pierre et Jean. Joseph est absent, Judas Iscariote aussi.
Dans Sa conversation informelle avec les membres de la famille et les autres personnes qui sont venues L'écouter, Jésus prononce des paroles pleines de conseils et de réconfort telles que Lui seul peut les dire.

André entre. Il revient d'une course avec quelques miches de pain dans les mains. Tout timide qu'il est, il rougit en s'approchant, torturé par l'attention qu'il doit être en train de s'attirer. Au lieu de parler, il murmure :
« Maître, pourrais-Tu venir avec moi ? Nous devons faire du bien. Mais seul Toi peux le faire. »

Sans s'enquérir de ce dont il s'agit, Jésus se lève.
« Où l'amènes-Tu ? » demande Pierre. « Il est tellement fatigué. C'est l'heure du souper. Ils peuvent L'attendre jusqu'à demain. »
« Non... il faut le faire immédiatement. C'est... »
« Pourquoi ne pas parler, gazelle effrayée ? Comment un adulte aussi robuste que toi peut être aussi timide !... Tu ressembles à un petit poisson pris dans le filet ! »
Le rougissement d'André s'accentue et Jésus le défend, le tirant à Lui. « Je l'aime ainsi. Laisse-le tranquille. Votre frère est comme une eau saine. Elle coule sans bruit dans les profondeurs, sort de la terre comme un petit cours d'eau, mais guérit ceux qui s'en approchent. Partons, André. »
« Je viens aussi ! Je veux voir où il T'emmène », insiste Pierre.
« Non, Maître. Toi et moi seulement », implore André. « S'il y a une foule, c'est impossible. C'est une question d'amour... »
« C'est quoi ? Tu joues les paranymphes maintenant ? »
Ignorant son frère, André dit à Jésus : « un homme veut répudier sa femme et... et je l'ai raisonné. Mais je n'ai rien pu faire. Mais si Tu parles... oh ! Tu vas réussir parce que cet homme n'est pas une mauvaise personne. Il est... il est... il Te racontera. »
Sans plus tarder, Jésus s'éclipse avec André.
Pierre est momentanément indécis, puis il finit par dire : « je vais y aller. Je veux au moins voir où ils vont. » Et il quitte les lieux en dépit des autres qui lui disent de ne pas y aller.

André émerge d'une étroite rue secondaire. Pierre le suit sur la place occupée par de vieilles femmes. André se

fraie un chemin à travers une arche qui s'ouvre sur une large cour entourée de petites maisons basses et pauvres, toujours avec Pierre dans leur sillage.
Jésus entre dans une des maisonnettes avec André tandis que Pierre les guette à l'extérieur. Une femme le voit et lui demande : « es-tu un parent d'Aava ? Et ces deux hommes ? Êtes-vous venus la chercher ? »
« Tais-toi ! Cesse donc de caqueter ! Je dois passer inaperçu », répond Pierre en foudroyant la femme du regard. Elle s'éloigne et va discuter avec les autres vieilles femmes. Mais Pierre est immédiatement entouré d'un cercle de femmes, de garçons et d'hommes qui se demandent les uns aux autres le silence. Mais la foule fait tellement de bruit qu'il se fait repérer. Pierre est pris de colère... mais rien à faire.

De l'extérieur, on peut entendre la belle voix rassurante de Jésus, ainsi que la voix cassée d'une femme et la voix rauque d'un homme :
« Si elle a toujours été une bonne épouse, pourquoi la répudier ? Lui as-tu jamais fait du tort ? »
« Non, Maître, je le jure ! Je l'ai aimé comme la prunelle de mes yeux » gémit la femme.
Et l'homme, sur un ton emporté et dur : « Non. Elle ne m'a jamais fait du tort, sauf qu'elle est stérile... Et je veux des enfants. Je ne veux pas la malédiction de Dieu sur mon nom. »
« Ce n'est pas la faute de ta femme si elle est stérile. »
« Il me blâme, moi. Moi et mes parents. Comme si nous avions trahi... »
« Femme, sois sincère. Savais-tu que tu étais stérile ? »
« Non, j'étais et je suis comme toutes les femmes. C'est aussi ce que le médecin a dit. Mais je n'arrive pas à avoir

des enfants. »
« Tu vois bien qu'elle ne t'a pas trahi. Elle en souffre, elle aussi. Vas-tu Me répondre sincèrement toi aussi : si elle était mère, la désavouerais-tu ? »
« Non, je le jure. Il n'y aurait aucune raison. Mais comme disent le rabbin et le scribe : une femme stérile est la malédiction de Dieu sur une maison et c'est ton droit et ton devoir de lui remettre une lettre de divorce et de ne pas offenser ta virilité en te privant d'enfants. Je fais ce que stipule la Loi. »
« Non. Écoute. La loi dit : Ne commettez pas d'adultère. Tu es sur le point d'en commettre un. C'est le commandement originel et rien d'autre. Et à cause de la dureté de votre cœur Moise vous a accordé le divorce. C'était pour empêcher les intrigues et le concubinage que Dieu a en horreur. Mais votre vice a élargi de plus en plus la clause de Moise, créant les méchantes chaînes et les pierres meurtrières qui sont actuellement le lot des femmes. Elles subissent toujours votre arrogance, vos caprices, votre surdité et votre aveuglement. Je te le dis : il est illégal de faire ce que tu envisages. Ton acte offense Dieu. Abraham a-t-il répudié Sarah ? Et Jacob, Rachel ? Et Elkana, Anne ? Et Manoach, son épouse ? Tu connais le Baptiste ? Le connais-tu ? Eh bien, sa mère n'était-elle pas stérile jusqu'à sa vieillesse ? Par la suite, n'a-t-elle pas donné naissance au saint homme tout comme la femme de Manoach a engendré Samson ? Et que dire d'Anne qui a donné Samuel à Elkana, et de Rachel qui a engendré Joseph et Sarah, Isaac ? Dieu récompense la continence du mari, la compassion qu'il a envers sa femme stérile, sa fidélité au mariage. Cette récompense est célébrée à travers les siècles, car Il console la femme stérile qui pleure : elle n'est plus stérile ni déprimée, mais

elle exulte, car elle est mère. Tu n'as pas le droit d'offenser son amour. Sois juste et honnête. Dieu te récompensera au-delà de tes mérites. »
« Maître, seul Toi parle ainsi... J'étais dans l'ignorance. J'ai demandé l'avis des médecins et ils m'ont dit de le faire. Mais aucun d'eux ne m'a dit que Dieu récompensait les bonnes actions. Nous sommes entre leurs mains... et ils ferment nos yeux et nos cœurs d'une main de fer. Je ne suis pas un homme méchant, Maître. Ne sois pas en colère contre moi. »
« Je ne suis pas en colère. J'éprouve plus de peine pour toi que pour cette femme en pleurs. Parce que sa douleur prendra fin avec sa vie. La tienne commencera ensuite et durera éternellement. Penses-y. »
« Non, elle ne commencera pas. Je ne veux pas qu'elle commence. Jure-moi par le Dieu d'Abraham que Tu dis la vérité. »
« Je suis la Vérité et la Sagesse. Celui qui croit en Moi aura justice, sagesse, amour et paix. »
« Je veux Te croire. Oui, je veux Te croire. J'ai l'impression qu'il y a quelque chose en Toi qui n'est pas dans les autres. Bon. Je vais de ce pas chez le sacrificateur pour lui dire que je ne vais plus la répudier. Je la garderai et je me contenterai de demander à Dieu de m'aider à moins ressentir la douleur d'être sans enfant. Aava, ne pleure pas. Nous allons demander au Maître de revenir pour me garder sur la bonne voie. Quant à toi... continue de m'aimer. »
La femme pleure plus fort en raison du contraste entre son chagrin précédent et sa joie présente.
Jésus sourit. « Ne pleure pas. Regarde-moi, femme. Lève le regard » Elle lève les yeux. Elle regarde son visage brillant à travers ses larmes.

« Viens ici, homme. Mets-toi à genoux à côté de ta femme. Je vais maintenant vous bénir et sanctifier votre union. Écoutez :... »
Et d'une voix tonitruante, les mains tendues au-dessus de leurs têtes baissées, Jésus prie :
« Seigneur Dieu de nos pères, Toi qui a créé Adam de la poussière du sol et lui a donné Ève comme compagne afin qu'ils puissent remplir la terre d'hommes et les élever dans Ta sainte crainte, envoie Ta bénédiction et Ta miséricorde. Ouvre et féconde le ventre que l'Ennemi avait fermé pour les amener à un double péché d'adultère et de désespoir. Aie pitié de ces deux enfants, Saint Père, Créateur Suprême. Rends-les heureux et saints. Qu'elle soit aussi fertile qu'une vigne et que lui, son protecteur, soit comme un ormeau qui soutient la vigne. Descends, ô Vie, pour donner la vie. Descends, ô Feu pour enflammer. Descends, ô Puissance, pour activer. Descendez ! Accorde-leur de chanter Tes louanges lors de la moisson fructueuse de l'an prochain et de T'offrir leur gerbe vivante, leur premier-né, un fils, qui Te sera consacré, Père Éternel, Toi qui bénis ceux qui espèrent en Toi. »
Le peuple ne se retient plus, mais se rassemble. Pierre est devant la foule.
« Levez-vous. Ayez foi et soyez saints. »
« Oh ! Reste, Maître ! » supplie le couple réconcilié.
« Je ne peux pas. Je reviendrai. Je vous visiterai très souvent. »
« Reste, demeure ici. Parle-nous aussi ! » crie la foule.
Jésus les bénit, mais ne s'arrête pas. Il promet seulement de revenir bientôt. Et Il se rend chez Son hôte suivi par une petite foule.
« Homme plein de curiosité, que dois-Je faire pour toi ? » demande-t-Il à Pierre chemin faisant.

« Ce que Tu désires. Cependant, j'étais là... »
Ils entrent dans la maison et renvoient la foule qui
commente les paroles qu'elle a entendues. Puis ils
s'assoient pour le souper.

Mais Pierre n'a pas encore assouvi s curiosité. « Maître,
ils auront vraiment un fils ? »
« M'as-Tu déjà vu promettre des choses qui ne sont pas
vraies ? Penses-tu que Je me permettrais d'utiliser la
confiance dans le Père pour mentir et tromper ? »
« Non... mais... Pourrais-Tu faire de même à tous les
couples mariés ? »
« Oui. Mais Je le fais seulement où je vois qu'un fils peut
motiver les parents à la sainteté. Je ne le fais pas où il
pourrait être un obstacle. »
Pierre ébouriffe ses cheveux grisonnants et se calme.
Le berger Joseph entre dans la pièce, tout recouvert de
poussière comme s'il arrivait d'un long voyage.
« Toi ? Que fais-tu ici ? » demande Jésus après un baiser
de salutation.
« J'ai quelques lettres pour Toi. Ta mère me les a remises
et celle-ci est d'elle. La voici. » Et Joseph lui remet trois
petits rouleaux de parchemin. Ils sont minces, attachés
avec un petit ruban. Le plus grand est scellé, le deuxième
a seulement un nœud et le troisième a un sceau brisé.
« Celui-ci est de Ta mère », dit Joseph, désignant du doigt
celle ayant un nœud. Jésus le déroule et lit d'abord à
voix basse et puis Il lit à haute voix. « À mon Fils bien-
aimé, paix et bénédictions. Un messager de Béthanie est
arrivé ici à la première heure du premier jour du mois
d'Eloul. C'était le berger Isaac à qui j'ai donné le baiser
de paix et des rafraîchissements en Ton nom et pour le
remercier. Il m'a amené ces deux lettres que je T'envoie. Il

m'a informée que Ton ami Lazare de Béthanie insiste
pour que Tu accèdes à sa demande.
Mon bien-aimé Jésus, bienheureux Fils et Seigneur, j'ai
aussi deux choses à Te demander. D'abord, c'est pour
Te rappeler Ta promesse. Tu m'avais promis d'appeler
Ta pauvre Mère pour l'instruire dans la Parole. L'autre
est de ne pas descendre à Nazareth sans M'en parler au
préalable. »

Jésus s'arrête tout d'un coup, se lève et se dirige vers
Jacques et Judas. Il les serre dans Ses bras et puis
répète par cœur les paroles qu'Il vient de lire : « Alphée
est de retour dans le sein d'Abraham à la dernière pleine
lune. Son deuil a été grandiose en ville... » Les deux fils
pleurent sur la poitrine de Jésus qui poursuit : « à la
dernière heure, il voulait Te voir. Mais Tu étais absent.
Mais c'est une consolation pour Marie, car elle estime
que c'est un signe du pardon de Dieu. Que cela procure
également la paix à mes neveux. » Avez-vous entendu ?
Elle le dit. Et elle sait ce qu'elle dit.
« Donne-moi la lettre », implore Jacques.
« Non, elle te ferait mal. »
« Pourquoi ? Que peut-elle dire qui est plus douloureux
que la mort d'un père ? »
« Qu'il nous a maudits », soupire Judas.
« Non. Ce n'est pas cela », dit Jésus.
« Tu dis cela pour ne pas nous faire mal. Mais c'est vrai. »
« Lisez-la, alors. »
Et Judas lit : « Jésus, je T'en prie et Marie Te supplie :
ne descend pas à Nazareth avant la fin du deuil. Leur
amour pour Alphée rend les Nazaréens injustes envers
Toi et Ta Mère pleure à cause de cela. Notre bon ami
Alphée me réconforte et il calme la ville. Le rapport d'Aser

et d'Ismaël sur la femme de Chuza a causé beaucoup
d'émoi. Nazareth est maintenant une mer agitée par des
vents contraires. Je Te bénis, Mon Fils et ? Je demande
que Ta paix et Ta bénédiction reposent sur Mon âme.
Paix à Mes neveux. Mère. »
Les apôtres commentent et réconfortent les frères en
pleurs. Mais Pierre dit : « Tu ne lis pas celles-là ? »
Jésus acquiesce et ouvre la lettre de Lazare. Il appelle
Simon le zélote et ils la lisent ensemble dans un coin.
Puis ils ouvrent le dernier rouleau et le lisent aussi,
discutant entre eux. Le zélote semble s'efforcer sans y
parvenir de persuader Jésus de quelque chose.
Les rouleaux dans sa main, Jésus vient au milieu de la
pièce et dit : « Écoutez, amis. Nous sommes une seule
famille et il n'y a pas de secrets entre nous. Et si on
dissimule le mal par compassion, il est juste de faire
connaître le bien. Écoutez ce que Lazare de Béthanie
a écrit : « Paix et bénédiction au Seigneur Jésus et
bénédiction, paix et santé à mon ami Simon. J'ai reçu Ta
lettre et en tant que Ton serviteur, j'ai placé mon cœur,
mes paroles et tous mes moyens à Ton service pour Te
rendre heureux et avoir l'honneur de ne pas être un
serviteur inutile. Je suis allé voir Doras dans son château
en Judée pour lui demander de me vendre son serviteur
Jonas comme Tu le souhaites. J'avoue que si Simon,
un ami fidèle, ne me l'avait pas demandé en Ton nom,
je ne serais jamais allé confronter ce chacal moqueur,
cruel, impie. Mais pour Toi, mon Maître et ami, je crois
bien pouvoir aussi affronter Mammon. Car je crois
que quiconque œuvre pour Toi est près de Toi, et par
conséquent, Il est sous Ta protection. Et j'ai certainement
reçu de l'aide puisque contre toute attente, j'ai gagné. La
discussion a été ardue et ses premiers refus humiliants.

Trois fois j'ai dû m'incliner devant ce puissant meneur d'esclaves. Il m'a ensuite forcé à attendre quelques jours. Enfin, voici la lettre. Elle sied à l'aspic qu'il est. Et je n'ose presque pas Te le dire, mais cède pour parvenir à Tes fins, car il n'est pas digne de Toi. Mais il n'y a pas d'autre moyen. J'ai accepté en Ton nom et je me suis plié à ses conditions. Si j'ai mal agi, reprends- moi. Mais crois-moi : j'ai essayé de Te servir du meilleur de mes moyens. Hier, un de Tes disciples judéens est venu me voir en Ton nom pour voir s'il y avait des nouvelles pour Toi. Il a dit s'appeler Judas de Kerioth. Mais j'ai préféré attendre Isaac pour envoyer la lettre. Et j'ai été surpris que Tu aies envoyé quelqu'un d'autre puisque Tu sais qu'Isaac passe me voir chez moi chaque Sabbat pour se reposer. Je n'ai rien d'autre à Te dire si ce n'est que j'embrasse Tes saints pieds, que je Te prie de revenir visiter Ton serviteur et ami Lazare tel que promis. Santé à Simon. À Toi, Maître et ami, un baiser de paix et une prière de bénédiction. Lazare. »

Et maintenant l'autre lettre : « Santé à Lazare. J'ai pris une décision. Tu auras Jonas pour le double du prix. Mais voici mes conditions et je ne les changerai pour aucune raison. Je veux que Jonas termine les récoltes de l'année, en d'autres termes, il te sera rendu à la lune de Tishri, à la fin de la lune. Je veux que Jésus de Nazareth vienne personnellement le chercher et je Lui demanderai d'entrer dans ma maison pour que je puisse Le rencontrer. Je veux le paiement immédiatement après la signature du contrat.
Au revoir. Doras ».
« Quelle peste ! » crie Pierre. « Mais qui paie ? Je me demande combien il veut et nous... nous sommes

toujours sans le moindre sou ! »
« Simon paiera. Pour faire Mon bonheur et celui du pauvre Jonas. Il achète seulement l'épave d'un homme qui ne lui servira à rien. Mais il gagne un grand mérite dans les Cieux. »
« Toi ? Oh ! » Ils sont tous surpris. Même les fils d'Alphée oublient leur tristesse à cause de leur stupéfaction.
« C'est lui. Je veux juste que vous le sachiez. »
« Il serait également juste de savoir pourquoi Judas Iscariote s'est rendu chez Lazare. Qui l'a envoyé ? Toi ? » Mais Jésus, très grave et pensif, ne répond pas à Pierre. Il ne sort de Sa méditation que pour dire : « Donne quelques rafraîchissements à Joseph et puis allons nous reposer. Je vais préparer une réponse pour Lazare... Isaac est-il encore à Nazareth ? »
« Il m'attend. »
« Nous y descendrons tous. »
« Non. Ta mère dit... » Ils sont tous dans la confusion la plus totale.
« Silence. C'est ce que Je veux. Ma mère parle avec Son cœur plein d'amour. Je juge avec Ma raison. Je préfère le faire pendant l'absence de Judas. Et je tiens à tendre une main amicale à Mes cousins, Simon et Joseph, et pleurer avec eux avant la fin du deuil. Nous retournerons ensuite à Capharnaüm, à Génésareth, au lac, pour attendre la fin du mois de Tishri. Et les Maries nous accompagneront. Ta mère a besoin d'affection. On va lui en donner. Et la Mienne a besoin de paix. Je suis Sa paix. »
« Penses-Tu qu'à Nazareth... ? » demande Pierre.
« Je ne pense pas quoi que ce soit. »
« Oh ! Eh bien ! Parce que s'ils lui font du mal ou du chagrin, ils auront affaire à moi ! » dit Pierre complètement frustré.

Jésus lui donne une caresse, mais Il est triste et perdu dans Ses pensées. Puis Il se place entre Judas et Jacques et s'assied les embrassant pour les réconforter. Les autres parlent à voix basse pour ne pas les déranger dans leur chagrin.

Jésus À La Maison De Doras. Décès De Jonas

C'est une fin de journée nuageuse de novembre après l'une des premières pluies de l'hiver maussade dans la plaine d'Esdraelon. La pluie de la nuit précédente a rendu la terre humide, mais pas boueuse. Il y a un vent humide saturé d'humidité qui emporte les feuilles jaunes et perce jusqu'à l'os.

Quelques jougs de bœufs qui peinent à labourer les champs retournent la riche et lourde terre de la plaine fertile, la préparant pour l'ensemencement. Dans certains champs, il y a des hommes qui travaillent comme des bœufs, poussant la charrue avec toute la force de leurs bras et leur poitrine, ancrant les pieds dans le sol déjà retourné, travaillant comme des esclaves, s'attelant à une tâche tout aussi ardue pour de robustes taureaux.

Jésus lève les yeux et ce qu'Il aperçoit L'attriste tellement qu'Il semble être au bord des larmes. Les bergers ne sont plus là et Judas est toujours absent, mais les onze disciples discutent entre eux :
« Les bateaux aussi sont petits, peu rentables et durs à manœuvrer... », dit Pierre. « Mais ils sont cent fois mieux que ce métier de galère ! Ce sont peut-être les serviteurs

de Doras ? » demande-t-il.
« Je ne pense pas. Ses champs se trouvent bien au-delà de ce verger, je crois. Et on ne peut pas encore les apercevoir », répond Simon le zélote.
Mais Pierre, toujours curieux, quitte la route et se promène le long d'une haie entre deux champs où quatre maigres paysans trempés de sueur et haletants de fatigue se reposent un moment à la limite des champs.
« Vous êtes les serviteurs de Doras ? », leur demande Pierre.
« Non, mais nous travaillons pour son parent, Jochanan. Et qui êtes-vous ? »
« Je suis Simon de Jonas, pêcheur de Galilée, du moins jusqu'à la lune de Civ. Maintenant, je suis Pierre de Jésus de Nazareth, le Messie de l'Évangile », déclare Pierre avec le même respect et le même prestige qu'une personne qui affirmerait : « J'appartiens au divin César de Rome ». Mais il le dit avec bien plus de fierté et son visage sincère brille de joie, car il se professe de Jésus.
« Oh ! Le Messie ! Où, où est-il ? » demandent les quatre hommes malheureux.
« Le voilà, là-bas. Le grand homme blond vêtu de rouge foncé. Celui qui regarde dans notre direction en souriant. Il m'attend. »
« Oh !... Si nous allons Le voir, nous renverra-t-Il ? »
« Vous renvoyer ? Pourquoi ? Il est l'ami des malheureux, des pauvres, des opprimés, et je pense que vous... Oui, vous en faites partie... »
« Oh ! C'est exact ! Mais pas comme les hommes de Doras. Nous avons au moins autant de pain que nous voulons et on ne nous fouette pas à moins que nous cessions de travailler, mais... »
« Si votre maître Jochanan vous surprenait ici à discuter,

il… »
« Il nous fouetterait pire que ses chiens »
Pierre siffle bruyamment. Puis il dit : « Eh bien, autant rencontrer le Maître » et portant les mains à sa bouche, il appelle à haute voix : « Maître. Viens ici. Il y a des cœurs qui souffrent et ils veulent Te rencontrer. »
« Mais que dis-tu donc ? Tu Lui demandes de venir vers nous ? Mais nous ne sommes que d'ignobles serviteurs ! »
Les quatre hommes sont terrifiés devant autant d'audace.
« Mais le fouet n'est pas chose agréable. Et si ce pharisien venait ici, je ne donnerais pas cher de ma peau », repartit Pierre, riant et secouant le plus terrifié des quatre hommes avec sa grosse main. Marchant vers eux à grands pas, Jésus ne va pas tarder à arriver. Les quatre hommes ne savent pas quoi faire. Ils voudraient se précipiter à Sa rencontre, mais ils sont paralysés de respect. Ces pauvres êtres complètement effrayés par la méchanceté humaine tombent sur leurs visages et se mettent à adorer le Messie qui vient vers eux.
« Paix à tous ceux qui Me désirent. Celui qui Me désire agit bien et Je l'aime comme un ami. Levez-vous. Qui êtes-vous ? »
Mais les quatre serviteurs osent à peine décoller leurs visages du sol. Ils restent agenouillés et muets.
« Ce sont quatre des serviteurs du pharisien Jochanan, un parent de Doras », explique Pierre. « Ils aimeraient Te parler, mais si leur maître les surprend, ils seront roués de coups. C'est la raison pour laquelle je T'ai demandé de venir. Levez-vous, messieurs. Il ne vous mangera pas ! Ayez la foi. Il suffit de Le voir comme un de vos amis. »
« Nous… nous avons entendu parler de Toi… Jonas nous a dit… »
« Je suis venu pour lui. Je sais qu'il M'a annoncé. Que

savez-vous de Moi ? »
« Que Tu es le Messie ! Qu'il T'a vu quand Tu étais bébé !
Que les anges ont chanté paix aux personnes de bonne
volonté à Ta naissance, que Tu as été persécuté... que
Tu as été sauvé et que maintenant Tu cherches Tes
bergers et... Tu les aimes. Voilà les choses qu'il nous a
dites aujourd'hui. Et nous nous sommes dit que si Tu es
si bon pour chercher et aimer des bergers, Tu pourras
certainement nous accepter nous aussi... Nous avons
tellement besoin d'une personne qui puisse nous aimer ».
« Je vous aime. Vous souffrez beaucoup ? »
« Oh !... Mais les hommes de Doras souffrent bien plus
encore. Si Jochanan nous surprenait à Te parler ici !...
Mais aujourd'hui il est à Gerghesa. Il n'est pas encore
revenu de la Fête des Tabernacles. Mais ce soir, son
intendant nous donnera de la nourriture après avoir
évalué notre travail. Mais peu importe. Nous ne nous
reposerons pas pour notre repas à la sixième heure pour
compenser le temps que nous passons avec Toi. »
« Dites-moi, est-ce que je serais en mesure de travailler
avec cet outillage-là ? C'est une tâche difficile ? »
demande Pierre.
« Non, elle n'est pas difficile. Mais c'est un travail difficile.
Il faut beaucoup de force. »
« J'en ai, de la force. Apprenez-moi. Si je réussis, vous
pourrez parler et je ferai travailler le bœuf. Toi, Jean,
André et Jacques, venez à la leçon. Nous échangerons
les poissons contre les vers de terre. Venez » Pierre pose
ses mains sur la barre transversale de la charrue. Il y
a deux hommes à chaque charrue, un de chaque côté
de la longue barre. Il regarde et imite tous les gestes du
paysan. Avec la force et le calme dont il fait preuve, il y
parvient, ce qui suscite les éloges de son professeur.

« Je suis passé maître laboureur », s'exclame ce bon Pierre. « Allez, Jean ! Viens ici. Un bœuf et un taurillon à chaque charrue. Jacques et ce veau de mon frère à celle-ci. Allez ! Tirons ! » Les deux charrues avancent côte à côte en retournant le sol et en traçant des sillons dans le vaste champ au bout duquel ils tournent en rond pour en tracer des nouveaux. On dirait qu'ils ont été agriculteurs toute leur vie.

« Comme Tes amis sont doués ! » dit le plus audacieux des serviteurs de Jochanan. « Les en as-Tu rendus capables ? »

« J'ai guidé leur bonté comme vous le faites avec des cisailles d'élagueur. La bonté était déjà en eux. Elle fleurit maintenant parce que Quelqu'un en prend soin. »

« Ils sont humbles aussi. Ce sont Tes amis, et pourtant, vois comment ils nous servent, nous, pauvres serviteurs ! »

« Seuls ceux qui aiment l'humilité, la douceur, la maîtrise de soi, l'honnêteté et l'amour, l'amour par-dessus tout, restent à mes côtés. Car quiconque aime Dieu et son prochain possède en retour toutes les vertus et reçoit les cieux. »

« Serons-nous en mesure d'hériter des Cieux nous aussi ? Voici que nous n'avons pas le temps de prier, d'aller au Temple, même pas pour sortir nos têtes de ces sillons. »

« Dites-moi : détestez-vous celui qui vous traite avec si tant de dureté ? Dans vos cœurs, y a-t-il de la rébellion et des reproches contre Dieu pour vous avoir mis parmi les plus faibles de la terre ? »

« Oh ! non, Maître ! C'est notre destin. Mais quand nous sommes fatigués, nous nous jeter sur nos palettes en disant : « Eh bien, le Dieu d'Abraham sait que nous sommes tellement épuisés que nous ne sommes pas en mesure de dire plus que : « béni soit l'Éternel ! » Et nous disons aussi : « aujourd'hui encore nous avons vécu sans pécher ». Vous savez... nous pourrions aussi un peu tricher en mangeant un fruit avec notre pain ou en versant un peu d'huile sur les légumes bouillis. Mais le maître a dit que le pain et les légumes suffisent aux serviteurs et qu'à la récolte, il ne faut qu'un peu de vinaigre dans l'eau pour étancher leur soif et leur redonner de la force. Et nous obéissons. Après tout... nous pourrions être plus mal lotis. »

« Et je vous dis solennellement que le Dieu d'Abraham sourit à vos cœurs, alors qu'il tourne un visage sévère envers ceux qui L'insultent dans le Temple par leurs fausses prières, car ils n'aiment pas leur prochain. »

« Oh ! Mais ils aiment les gens comme eux ! Du moins... c'est l'impression qu'ils nous donnent parce qu'ils se donnent des marques mutuelles de respect en échangeant des cadeaux et des révérences. C'est envers nous qu'ils n'ont pas d'amour. Mais nous sommes différents d'eux et cela est juste. »

« Non, ce n'est pas juste dans le Royaume de mon Père. Mais leur jugement sera différent. Ce ne sont pas les riches et les puissants, à ce titre, qui recevront des honneurs. Mais seuls ceux qui ont toujours aimé de Dieu, ceux qui L'aiment plus qu'eux-mêmes et par-dessus tout : l'argent, le pouvoir, les femmes, une table abondante. Ceux qui aiment leur prochain, c'est-à-dire tous les hommes, qu'ils soient riches ou pauvres, célèbres ou non, savants ou incultes, bons ou mauvais. Oui, il faut aussi aimer les méchants, non pas à cause de leur méchanceté, mais par pitié pour leurs âmes qu'ils ont blessées à mort. Il faut aimer et implorer le Père céleste de les guérir et les racheter. Dans le Royaume des cieux, bénis seront ceux qui ont honoré le Seigneur par la vérité et la justice, ceux qui ont aimé leurs parents et leurs familles par respect ; ceux qui n'ont rien volé d'aucune façon, c'est-à-dire qui ont donné et exigé la justice, même dans le travail des serviteurs ; ceux qui n'ont pas détruit une quelconque réputation ni tué une créature, ceux qui n'ont pas souhaité la mort même de ceux dont le comportement est si cruel qu'il suscite le mépris et la rébellion dans les cœurs ; ceux qui n'ont pas commis de parjure en portant préjudice à leur prochain et à la vérité ; ceux qui n'ont pas commis d'adultère ou tout autre péché charnel ; ceux qui sont doux et résignés à toujours accepter leur sort sans envier les autres. Le Royaume des cieux leur appartient. Un mendiant peut lui aussi y être un roi heureux alors qu'un tétrarque, malgré toute sa puissance, ne sera que néant : il sera une proie à Mammon s'il a péché contre la loi éternelle du Décalogue. »

Les hommes écoutent bouche bée. Aux côtés de Jésus se tiennent Bartholomée, Matthieu, Simon, Philippe, Thomas, Jacques et Judas fils d'Alphée. Les quatre autres continuent à travailler, le rouge et la chaleur au visage, mais joyeux. Pierre parvient à lui seul à tous les garder de bonne humeur. .

« Oh ! Comme Jonas avait bien raison de dire de Toi que tu es Saint ! Tout est saint en Toi : Tes paroles, Ton regard, Ton sourire. Nous n'avons jamais senti de tel dans nos âmes ! »

« Ça fait longtemps que tu as vu Jonas ? »

« Depuis qu'il est malade. »

« Malade ? »

« Oui, Maître. Il n'arrive plus à supporter la maladie.

Avant, il devait se traîner. Mais après les travaux d'été et le millésime, il a été incapable de se lever. Et pourtant ça... le pousse à travailler ? Oh ! Vous dites que nous devons aimer tout le monde. Mais il est très difficile d'aimer les hyènes ! Et Doras est pire qu'une hyène ! «

« Jonas l'aime... »

« Oui, Maître. Et je dis que c'est un saint comme ceux qui ont été martyrisés en raison de leur loyauté envers le Seigneur notre Dieu. »

« Tu as dit vrai. Comment t'appelles-tu ? »

« Michée, et voici Saul. Voici aussi Jowehel et Isaïe. »

« Je vais mentionner vos noms au Père. Et vous disiez que Jonas est très malade ? »

« Oui, dès qu'il a terminé son travail, il se jette sur la paille. On ne le voit plus. Les autres serviteurs de Doras nous l'ont dit. »

« Il travaille encore ? »

« Oui, s'il arrive à se lever. Il devrait être là, au-delà de ce verger de pommiers. »

« Doras a-t-il eu une bonne récolte ? »

« Oui, on en a parlé dans toute la région. On a dû installer des supports pour les plantes à cause de la taille miraculeuse du fruit, et Doras a dû se faire fabriquer de nouvelles cuves parce qu'il y avait tellement de raisins que les cuves habituelles ne pouvaient les contenir. »

« Doras aurait dû récompenser son serviteur ! »

« Récompenser ! Oh ! Seigneur, Tu ignores presque tout de lui ! »

« Mais Jonas m'a dit qu'il y a quelques années, Doras l'a battu à mort pour avoir perdu quelques grappes et qu'il est devenu un esclave en raison de sa dette parce que son Maître lui reprochait d'avoir perdu quelques cultures. Cette année, il a reçu une abondance miraculeuse. Il

aurait dû le récompenser. »
« Non, il s'en est pris à lui sauvagement, l'accusant de ne pas avoir produit la même abondance autrefois parce qu'il n'avait pas correctement cultivé la terre. »
« Mais cet homme est un monstre ! », s'exclame Matthieu.
« Non, il est sans âme », dit Jésus. « Je Te laisse, Mon fils, avec une bénédiction. Avez-vous du pain et des aliments pour aujourd'hui ? »
« Nous avons ce pain-ci ». Ils lui montrent une miche de pain noire qu'ils sortent d'un sac posé à terre.
« Prenez Ma nourriture. C'est tout ce que J'ai. Mais je serai chez Doras aujourd'hui et… »
« Vous ? Dans la demeure de Doras ? »
« Oui. Pour faire relâcher Jonas. L'ignoriez-vous ? »
« Personne ne sait quoi que ce soit ici. Mais… méfie-Toi de lui, Maître. Tu es comme un agneau dans la tanière du loup. »
« Il ne pourra pas Me faire de mal. Prenez Ma nourriture. Jacques, donne-leur ce que nous avons. Le vin aussi. Vous devez vous réjouir un peu, Mes pauvres amis. Tant vos âmes que vos corps. Pierre ! Allons-y. »
« J'arrive, Maître, il ne reste plus que ce sillon à tracer. » Puis il court vers Jésus, la fatigue se lisant sur le visage. Il se sèche avec le manteau qu'il avait ôté, le remet et rit de bon cœur. Les quatre hommes ne peuvent pas à les remercier assez.
« Repasseras-Tu par ici, Maître ? »
« Oui. Attendez-moi. Vous direz au revoir à Jonas. Pouvez-vous faire cela ? »
« Oh ! Oui. Le champ doit être labouré d'ici le soir. Plus des deux tiers ont été faits. C'est bien d'ailleurs, et rapidement. Tes amis sont forts ! Que Dieu vous bénisse. Aujourd'hui, pour nous, c'est une grande fête plus

grande que la Pâque. Oh ! Que Dieu vous bénisse tous ! »

Jésus se dirige directement vers le verger. Ils le traversent et atteignent les champs de Doras où d'autres paysans sont soit aux charrues, soit penchés sur le sol pour retirer toutes les mauvaises herbes des sillons. Mais Jonas n'est pas là. Les hommes reconnaissent Jésus et Le saluent sans quitter leurs postes de travail.
« Où est Jonas ? »
« Au bout de deux heures, il est tombé sur le sillon et on l'a ramené à la maison. Pauvre Jonas. Il n'aura pas à souffrir plus longtemps. Il arrive à sa fin. Nous n'aurons jamais de meilleur ami. »
« Vous M'avez sur la terre et lui dans le sein d'Abraham. Les morts aiment les vivants d'un amour double : de leur propre amour et de l'amour qu'ils reçoivent dans la présence de Dieu, donc un amour parfait. »
« Oh ! Va tôt de suite le voir pour qu'il puisse Te voir dans sa souffrance ! » Jésus les bénit et Il s'en va.

« Que vas-Tu faire maintenant ? Que diras-Tu à Doras ? » demandent les disciples.
« J'irai le voir comme si Je ne me doutais de rien. S'il remarque que Je le confronte, il peut se montrer impitoyable envers Jonas et les autres serviteurs. »
« Ton ami a raison ; c'est un chacal », dit Simon à Pierre.
« Lazare ne dit rien que la vérité et il n'est pas un diffamateur. Tu le rencontreras et tu l'aimeras », lui répond Simon.

Ils voient la maison du pharisien : grande, basse, mais bien construite. C'est une maison de campagne au milieu d'un verger maintenant sans fruits. Pierre et Simon précédent le groupe en guise d'avertissement.

Doras sort. C'est un vieil homme vieux au profil dur de prédateur. Il a de yeux remplis d'ironie et une bouche de vipère sur laquelle s'esquisse un faux sourire derrière une barbe plus blanche que noire.

« Je Te salue, Jésus ». Il L'accueille sans formalisme et avec une condescendance évidente.
« Salut à toi », répond Jésus. Il ne dit pas : « Paix ».
« Entre. Ma maison Te reçoit. Tu es aussi ponctuel qu'un roi. »
« Comme quelqu'un d'honnête », répond Jésus.
Doras rit comme si c'était une blague.
Jésus se retourne autour et dit à Ses disciples qui n'avaient pas été invités : « venez. Ce sont mes amis. »
« Laissez-les venir pour... Mais n'est-ce pas le collecteur d'impôts, le fils d'Alphée ? »
« C'est Matthieu, disciple du Christ », dit Jésus sur un ton que son hôte comprend. Ce dernier pousse un éclat de rire plus forcé que le précédent.

À l'intérieur, la maison est somptueusement riche et confortable, mais glaciale. Les serviteurs semblent être des esclaves craignant toujours une punition, marchant les épaules courbées et s'évanouissant rapidement au loin. On sent que la maison est dominée par la haine et la cruauté.

Doras souhaite écraser le « pauvre » Maître galiléen par la richesse de sa maison aux intérieurs somptueux. Somptueux et glacés. Mais Jésus ne peut ni être écrasé par une démonstration de richesse, ni par le rappel de la richesse. Doras et sa parenté comprennent l'indifférence du Maître et le conduisent dans son jardin verger où il lui montre de rares plantes et Lui offre des fruits que les serviteurs apportent sur des plateaux et dans des coupes d'or. Jésus aime et fait l'éloge du fruit délicieux. Il s'agit de belles pêches d'une taille rare en partie à leur état naturel et partiellement préservées dans un sirop à base d'alcool.

« Je suis le seul à les avoir dans la Palestine et je ne pense pas qu'il y en ait dans toute la péninsule. J'en ai fait querir à Perse et même au-delà. La caravane me coûte un talent. Mais même les Tétrarques n'ont ces fruits. Peut-être même pas César lui-même. Je compte tous les fruits et je veux leurs semences. Et on ne mange ces poires qu'à ma table parce que je ne veux pas perdre la moindre graine. J'en ai envoyé quelques-unes à Annas, mais seulement des graines cuites pour qu'elles soient stériles. »

« Mais ce sont des plantes de Dieu. Et tous les hommes sont égaux. »

« Égaux ? Non ! Suis-je l'égal de... de votre Galiléen ? »

« Les âmes viennent de Dieu et Il les crée égales. »

« Mais je suis Doras, le pharisien fidèle !... » repartit Doras, l'air aussi fier qu'un paon. Nettement plus grand de taille que Doras, Jésus s'impose dans sa tunique pourpre. Le pharisien court, couvert de rides et presque courbé se tient devant lui dans un vêtement étonnamment large et riche en franges.

Après s'être admiré pendant un certain temps, Doras s'exclame : « Jésus, pourquoi as-Tu envoyé Lazare, le frère d'une prostituée, à la maison de Doras, le pharisien pur ? Lazare est-il Ton ami ? Tu ne dois pas faire cela. Ne sais-tu pas qu'il est anathématisé parce que sa sœur Marie est une prostituée ? »

« Je le sais, mais Lazare et ses actes sont honnêtes. »

« Mais le monde se rappelle le péché de cette maison et voit que ses taches contaminent ses amis… N'y va pas. Pourquoi n'es-Tu pas un pharisien ? Si Tu le souhaites… Je suis influent… Je vais Te faire accepter même si Tu es Galiléen. Je peux tout faire dans le Sanhédrin. Anne est dans mes mains comme le bord de mon manteau. Les gens Te craindraient plus. »

« Je veux seulement être aimé. »

« Je T'aimerai. Tu peux constater que je T'aime bien déjà parce que je cède à ton souhait en Te remettant Jonas. »

« J'ai payé pour lui. »

« C'est vrai et je suis surpris que Tu puisses avoir autant de moyens. »

« Pas moi. Un ami a payé pour moi. »

« Bien, bien. Je ne suis pas curieux. J'ai dit : Tu vois que je t'aime et je veux Te rendre heureux. Tu auras Jonas après notre repas. C'est seulement pour Toi que je fais ce sacrifice » et il rit de son rire cruel.

Jésus, les bras croisés sur sa poitrine, foudroie Doras de plus en plus du regard pendant qu'ils attendent l'heure du repas dans le verger.

« Mais Tu dois me rendre heureux. Une joie pour une joie. Je Te donne mon meilleur serviteur. Je me prive donc de quelque chose d'utile pour l'avenir. Cette année, Ta bénédiction — je sais que Tu étais ici au début de l'été – m'a donné les cultures qui ont rendu ma ferme célèbre. Maintenant, bénis mes troupeaux et mes champs. L'année prochaine, je ne regretterai pas la perte de Jonas… et en attendant, je vais trouver quelqu'un comme lui. Viens me bénir. Donne-moi la joie d'être reconnu

dans l'ensemble de la Palestine et d'avoir une bergerie et des greniers remplis de toutes sortes de bonnes choses. Viens ». Accablé par la fièvre de l'or, il saisit Jésus et tente de le traîner.
Mais Jésus résiste. « Où est Jonas ? » demande-t-il sévèrement.
« Où on laboure. Il a voulu le faire pour son bon maître. Mais il viendra avant la fin du repas. En attendant, viens bénir les troupeaux, les champs, les vergers, les vignobles, les moulins à huile. Tout bénir. Oh ! Ils seront si fructueux l'année prochaine ! Viens maintenant. »
« Où est Jonas ? » demande Jésus en haussant le ton.
« Je Te l'ai dit ! Dans les champs qu'on laboure. Il est le premier de mes serviteurs et il ne travaille pas : il est à la tête des hommes. »
« Menteur ! »
« Moi ? Je le jure par Jéhovah ! »
« Parjure ! »
« Moi ? Un parjure ? Je suis le croyant le plus fidèle ! Gare à Tes paroles ! »
« Meurtrier ! » Jésus hausse la voix de plus en plus fort et ce dernier mot est comme le tonnerre. Ses disciples se rapprochent de Lui. Les serviteurs disparaissent par les portes, tous effrayés. Le visage de Jésus est très grave et un rayon phosphorescent semble émaner de Ses yeux. Pendant un instant, Doras est effrayé et il se fait tout petit ; un ensemble de fine toile faisant face à de la grande personne de Jésus, vêtu d'une tunique en laine rouge foncé. Puis la fierté de Doras prévaut et il crie d'une voix qui couine comme un renard :
« Il n'y a que moi qui donne des ordres dans ma maison. Sors, vil Galiléen. »
« Je sortirai après t'avoir maudit, toi, tes champs, tes

troupeaux et tes vignobles pour cette année et les années à venir. »

« Non, n'en fais rien ! Oui. C'est vrai. Jonas est malade. Mais on s'occupe de lui. Il est bien soigné. Retire Ta malédiction. »

« Où est Jonas ? Qu'un serviteur m'amène tout de suite à lui. J'ai payé pour lui ; et puisqu'à tes yeux il n'est que de la marchandise, une machine, Je le considère comme tel. Vu que Je l'ai acheté, Je le veux. »

Doras sort un sifflet d'or de sa poitrine et il souffle trois fois. Un groupe de fonctionnaires de la maison et des champs sortent de partout et accourt vers le maître redouté. Ils s'inclinant si bas qu'ils semblent ramper.

« Amenez-Lui Jonas et remettez-le-Lui... Où vas-tu ? »

Jésus ne répond pas, mais suit les serviteurs qui se sont précipités hors du jardin vers les trous sales que sont les habitations des paysans pauvres.

Ils entrent dans le taudis de Jonas où Jonas, peau sur les os et haletant de fièvre, est couché à moitié nu sur une natte de canne avec pour un matelas un vêtement rapiécé et un manteau encore plus usé en guise de couverture. Marie, la femme de son ami, s'occupait de lui. Il s'agissait de la même Marie qui l'avait soigné quand Doras l'avait presque battu à mort.

« Jonas ! Mon ami ! Je suis venu pour T'emmener loin d'ici ! »

« Toi ? Mon Seigneur ! Je meurs d'envie... mais je suis heureux de T'avoir ici ! »

« Mon fidèle ami, tu es maintenant libre et tu ne mourras pas ici. Je t'emmène chez Moi. »

« Libre ? Pourquoi ? Chez Toi ? Oh ! Oui. Tu m'avais promis de rencontrer Ta mère. »

Jésus se penche affectueusement sur le misérable lit du pauvre homme et Jonas, au comble de sa joie, semble revivre.
« Pierre, tu es fort. Soulève Jonas. Et vous, donnez vos manteaux. Ce lit est trop dur pour un malade dans son état. »
Les disciples enlèvent leurs manteaux en même temps, puis les plient plusieurs fois avant de les poser sur la natte, en utilisant quelques-uns pour faire un oreiller. Jésus le couvre avec Son propre manteau.
« Pierre, tu as de l'argent ? »
« Oui, Maître, j'ai quarante pièces. »
« Bon. Allons-y. Rassure-toi, Jonas. Supporte un tout petit plus la douleur et bientôt, il y aura tellement de paix chez Moi, auprès de Marie... »
« Marie... Oui... oh ! Chez Toi ! » Et dans son extrême faiblesse, le pauvre Jonas fait la seule chose qu'il peut faire ; il pleure.
« Au revoir, femme. Que le Seigneur vous bénisse pour ta miséricorde. »
« Au revoir, Seigneur. Au revoir, Jonas. Priez pour moi », dit la jeune femme en pleurs.

Doras fait irruption lorsqu'ils atteignent la porte et effrayé, Jonas se couvre le visage. Mais Jésus pose une main sur sa tête et marche côté de lui, aussi strict qu'un juge. La malheureuse procession sort dans la cour rustique et prend le chemin qui mène au verger.
« Ce lit m'appartient ! Je T'ai vendu le serviteur, pas le lit. » Jésus jette la bourse à ses pieds sans mot dire. Doras ramasse le sac à main et il le vide. « Quarante pièces et cinq didrachmes. C'est trop peu ! »
Jésus toise le tortionnaire révoltant et cupide, mais ne lui

donne aucune réponse.
« Au moins, dis-moi que Tu retires l'anathème ! »
Lui lançant un regard furieux et quelques mots, Jésus l'écrase une fois de plus : « Je te confie au Dieu du Sinaï » et Il passe devant lui, debout, à côté de la litière de fortune que transportent Pierre et André avec la plus grande prudence.
Quand Doras réalise que la punition est certaine et qu'il n'y peut rien, il hurle : « nous nous reverrons, Jésus ! Je T'aurais dans mes griffes à nouveau ! Je m'opposerai à toi à mort. Tu peux emmener cet homme inutile. Je n'ai plus besoin de lui. Je vais mettre de côté de l'argent pour ses funérailles. Va-t-en, Satan de malheur ! Je vais m'assurer que tout le Sanhédrin soit contre Toi. Satan ! Satan ! »
Jésus feint ne rien entendre, mais les disciples sont consternés. Il ne se préoccupait que du bien-être de Jonas. Jésus cherche les sentiers les moins cahoteux et les mieux abrités jusqu'à ce qu'ils arrivent à un carrefour près du champ de Jonathan.
Les quatre paysans accourent pour faire leurs adieux à leur ami qui les quittait et à Jésus qui les avait bénis. Mais la route d'Esdraelon à Nazareth est longue et ils doivent ralentir le pas en raison du malade qu'ils transportent. Le long de la route principale, il n'y a ni chariot ni charrette. Ils continuent donc en silence, avec Jonas qui semble assoupi, mais qui tient la main de Jésus.
Au crépuscule, un chariot militaire romain à bord duquel se trouvent deux ou trois soldats les rattrape.
« Pour l'amour du Ciel, arrêtez », dit Jésus en levant le bras.
Les soldats s'arrêtent et un sous-officier à l'air pompeux

émerge d'un rideau.
« Que voulez-vous ? » demande-t-il à Jésus.
« J'ai un ami mourant. Je te prie de le transporter dans le chariot. »
« Nous n'y sommes pas autorisés... mais... embarquez. Nous ne sommes pas non plus des chiens. »
Ils soulèvent la litière pour la placer dans le chariot.
« Ton ami ? Qui es-Tu ? »
« Jésus de Nazareth. »
« Toi ? Oh !... » Le sous-officier lui jette un regard plein de curiosité.
« Si c'est bien Toi, alors... Montez autant que vous le pouvez. Mais ne laissez personne vous voir... Ce sont nos ordres... mais au-dessus des ordres, il y a aussi l'humanité, n'est-ce pas ? Tu es bon, je le sais. Hé ! Nous les soldats, nous savons tout... Comment est-ce que je le sais ? Même les pierres disent tantôt le bien tantôt le mal et nous avons des oreilles pour les entendre afin de servir de César. Tu n'es pas un faux Christ comme les autres qui T'ont précédé. Eux, c'étaient des agitateurs et des rebelles. Toi, Tu es bon. Rome le sait. Cet homme... il est très malade. »
« C'est pourquoi Je l'emmène vers Ma mère. »
« Hum ! Elle ne le guérira pas de sitôt ! Donnez-lui du vin. C'est dans cette gourde. Aquila fouette les chevaux. Quintus, donne-moi une ration de miel et de beurre. C'est la mienne. Ça lui fera du bien ; il a une toux et le miel l'aidera. »
« Tu es bon. »
« Non. Pas aussi mauvais que plusieurs personnes. Et je suis heureux de T'avoir ici avec moi. Souviens-Toi de Publius Quintilianus de la Légion d'Italica. Je demeure à Césarée. Mais je vais de ce pas à Ptolémaïs. Ordre

d'inspection. »

« Tu n'es pas mon ennemi. »

« Moi ? Je suis l'ennemi des mauvaises personnes. Jamais de bonnes gens. Et je tiens à être bon. Dis-moi : quelle est la doctrine que Tu prêches aux soldats comme nous ? »

« Il n'y a qu'une seule doctrine pour tout le monde. Justice, honnêteté, maîtrise de soi, compassion. On doit s'acquitter de notre devoir sans aucun abus. Et malgré les dures réalités de l'armée, il faut être humain. Il faut également s'efforcer de connaître la vérité, c'est-à-dire Dieu, l'Unique et l'Eternel, sans la connaissance duquel tout acte est dépourvu de grâce et ainsi de récompense éternelle. »

« Mais à ma mort, à quoi me servira tout le bien que j'aurai fait ? »

« Quiconque vient au vrai Dieu retrouvera ce bien dans la prochaine vie. »

« Je renaîtrai ? Deviendrai-je tribun ou même empereur ? »

"Non. Tu deviendras comme Dieu. Tu seras uni à sa Béatitude éternelle dans les cieux. »

« Ah bon ? Moi, dans l'Olympe ? Parmi les dieux ? »

« Il n'y a pas de dieux. Il n'y a que le véritable Dieu. Le seul que Je prêche. Celui qui t'entend et prend note de ta bonté et ton désir de connaître le Bien. »

« J'aime ça ! Je ne savais pas que Dieu pourrait se soucier d'un pauvre soldat païen. »

« Il t'a créé, Publius. Donc Il t'aime et voudrait que tu sois à Ses côtés. »

« Eh !... Pourquoi pas ? Mais... personne ne nous parle jamais de Dieu. »

« Je viendrai à Césarée et vous M'entendrez. »

« Oh ! Oui. Je viendrai T'écouter parler. Voici Nazareth. Je vous aurai beaucoup plus aidé, mais s'ils me voient... »
« Je débarquerai ici. Je te bénis pour ta gentillesse. »
« Je Te salue, Maître. »
« Le Seigneur peut se révéler à vous, soldats. Au revoir. »
Ils descendent et reprennent la marche.
« Dans quelques instants, tu pourras te reposer, Jonas », dit Jésus pour l'encourager.
Jonas sourit. À la tombée de la nuit, l'infortuné est de plus en plus serein, maintenant qu'il est certain d'être bien loin de Doras. Jean et son frère devancent le groupe en courant pour prévenir Marie. Quand le petit cortège arrive à Nazareth, la ville est presque déserte en fin de soirée. Marie se tient déjà à la porte à l'attente de Son Fils.
« Mère, voici Jonas. Il vient se réfugier sous ta bienveillance pour commencer à profiter de son Paradis. Es-tu heureux, Jonas ? »
« Heureux ! Heureux ! », murmure l'homme épuisé comme s'il était en extase. Les disciples l'emmènent dans la petite chambre où Joseph a rendu l'âme.
« Tu es dans le lit de Mon père. Et voici Ma Mère. Et Je suis là. Tu vois ? Nazareth devient Bethléem et Tu es maintenant le petit Jésus entre deux personnes qui t'aiment. Et ces personnes te vénèrent comme le serviteur fidèle. Tu ne peux pas voir les anges, mais ils agitent leurs ailes lumineuses au-dessus de toi et chantent les paroles du Psaume de Noël... »
Jésus déverse toute Sa bonté sur le pauvre Jonas dont la santé se détériore d'une seconde à l'autre. Il semble avoir résisté jusqu'à présent pour mourir ici... mais il est heureux. Il sourit et tente d'embrasser la main de Jésus

et de Marie. Il essaie de parler, mais l'angoisse interrompt ses paroles. Marie le réconforte comme une mère. Et il répète :
« Oui... Oui », avec un sourire béat sur son visage émacié. Les disciples se tiennent là sans mot dire à l'entrée du jardin potager. Ils se contentent de regarder, profondément émus.
« Dieu a entendu le désir de ton cœur. L'étoile de ta longue nuit devient maintenant l'étoile de ton matin éternel. Tu connais son nom », affirme Jésus.
« Jésus, le Tien ! Oh ! Jésus ! Les anges... Qui me chantera l'hymne angélique ? Mon âme peut l'entendre... mais mes oreilles aussi souhaiteraient l'entendre... Qui ?... Pour me faire dormir heureux... J'ai tellement sommeil ! J'ai fait tellement de travail ! Si tant de larmes... Si tant d'insultes... Doras... Je lui pardonne... mais je ne veux pas entendre sa voix et je l'entends. C'est comme la voix de Satan près de moi qui me meurs. Qui recouvrira cette voix pour moi des paroles qui descendent du Ciel ? »
C'est Marie qui, sur le même rythme que sa berceuse, chante doucement : « Gloire à Dieu au plus haut des cieux et paix aux hommes sur terre. » Et elle la répète deux ou trois fois parce qu'elle voit que Jonas s'apaise en l'entendant.
« Doras ne parle plus », dit Jonas u bout d'un moment.
« Seuls les anges... C'était un Enfant... dans une crèche... entre un bœuf et un âne... et il était le Messie... Et je L'ai adoré... À ses côtés se tenaient Joseph et Marie... » Sa voix s'estompe dans un court gargouillis et puis c'est le silence.
« Paix dans le ciel à l'homme de bonne volonté ! Il s'est éteint. Nous allons l'ensevelir dans notre pauvre sépulcre.

Il mérite d'attendre la résurrection des morts près de mon Père juste », dit Jésus au moment où Marie d'Alphée entre dans la pièce.

Jésus Dans La Maison De Lazare. Marthe Parle De La Magdaléenne

C'est la place du marché à Jéricho avec ses arbres, ses bruyants commerçants et Zachée dans le coin. C'est Zachée le publicain qui planifie ses extorsions légales et illégales et qui travaille également sur les bijoux et autres objets de valeur qu'il pèse et évalue en paiement des impôts ou en échange d'autres marchandises. C'est maintenant au tour d'une femme mince qui est complètement vêtue d'un énorme manteau gris rouille et dont le visage est caché sous un byssus jaunâtre étroitement tissé. On aperçoit à peine la finesse de sa silhouette puisqu'elle est enveloppée d'un énorme manteau grisâtre. Mais du peu que l'on voit d'elle, on devine qu'il s'agit d'une jeune femme dont les pieds sont chaussés dans des sandales plutôt sophistiquées munies de courroies de cuir entrelacées qui ne reveulent que ses minces chevilles toutes blanches. Pendant un court instant, on voit sa main sortir de dessous son manteau pour tendre silencieusement un bracelet, prendre l'argent sans négocier. Puis elle se retourne pour s'en aller.
* une fibre textile et une toile de lin fine
Derrière elle, Judas Iscariote l'observe sans la quitter du regard et lorsqu'elle s'apprête à s'en aller, il lui glisse un mot, mais elle ne lui donne aucune réponse. Elle semble

être muette. Elle s'empresse à s'éloigner de lui avec toute la masse de vêtements qu'elle porte.
« Qui est-elle ? » demande Judas à Zachée.
« Je ne demande pas à mes clients de me dire leur nom surtout quand ils sont aussi aimables que cette femme. »
« N'est-elle pas jeune ? »
« Apparemment ».
« Elle est de Judée ? »
« Qui sait ? L'or est jaune dans tous les pays. »
« Montre-moi ce bracelet »
« Veux-tu l'acheter ? »
« Non ».
« Eh bien, rien à faire. Que t'imagines-tu ? Que ce bracelet pourra parler à sa place ? »
« Je voulais juste voir si je pouvais savoir qui elle est... »
« Tu es donc intéressé ? Es-tu un devin ou un chien de chasse qui flaire une piste ? Va-t-en et oublie-la. Si elle se comporte comme ça, c'est qu'elle est soit honnête et malheureuse ou elle a la lèpre. Donc... rien à faire. »
« Je ne cherche pas une femme », répond Judas avec mépris.
« Peut être... mais à en juger par ton visage, j'ai bien du mal à le croire. Eh bien, si tu ne veux rien d'autre, écarte-toi, s'il te plaît. J'ai d'autres personnes à servir. »

Judas lui tourne le dos en colère et il demande à un vendeur de pain et un vendeur de fruits s'ils connaissent la femme qui venait d'acheter quelques-unes de leurs pommes et du pain à leurs tables et s'ils savent où elle habite.
« Elle vient ici depuis un certain temps, tous les deux ou trois jours. Mais nous ne savons pas où elle vit », répondent-ils.

« Mais comment fait-elle pour parler ? », insiste Judas. Les deux marchands rient et répondent : « avec sa langue. »
Judas les maltraite avant de s'en aller... et il se jette dans le groupe de Jésus et Ses disciples qui sont venus acheter du pain et de la nourriture pour leur repas quotidien. La surprise est réciproque et... pas très enthousiaste. Jésus se contente de dire : « Tu es ici ? » Judas marmonne quelque chose. Pierre éclate de rire et dit : « Maintenant je suis aveugle et incrédule. Je ne peux pas voir les vignobles. Et je ne crois pas au miracle... »
« De quoi parles-tu ? » demandent deux ou trois disciples.
« Je dis la vérité. Il n'y a aucun vignoble ici. Et je ne peux pas croire que Judas, dans toute cette poussière, peut recueillir des raisins tout simplement parce qu'il est un disciple du rabbin. »
« Il y a longtemps que le millésimé est terminé », répond durement Judas.
« Et Kerioth est à plusieurs kilomètres d'ici », conclut Pierre.
« Vous m'attaquez en même temps. Tu m'es hostile. »
« Non, je ne suis pas aussi insensé que tu le crois. »
« C'est assez », commande sévèrement Jésus. Puis il s'adresse à Judas : « Je ne m'attendais pas à te voir ici. Je croyais que tu étais à Jérusalem pour le Tabernacle. »
« Je vais y aller demain. J'attends un ami de notre famille qui... »
« Je t'en prie. Ça suffit. »
« Tu ne me crois pas, Maître ? Je Te jure... »
« Je ne Te demande rien. Je Te prie de ne rien dire de plus. Tu es là. C'est suffisant. Tu comptes venir avec nous ou tu as autre chose à faire ? Réponds franchement. »

« Non. J'ai fini. En tout cas, mon ami ne vient pas et je vais à Jérusalem pour la Fête. Et Toi, où vas-Tu ? »
« À Jérusalem. »
« Aujourd'hui ? »
« Je serai à Béthanie ce soir. »
« Chez Lazare ? »
« Oui, chez Lazare. »
« Eh bien, je T'y accompagnerai. »
« Oui, descends avec nous jusqu'à Béthanie. Et après, André, Jacques fils de Zébédée et Thomas iront à Gethsémani pour faire des préparations et nous attendre. Tu iras avec eux », explique Jésus en accentuant Ses derniers mots pour que Judas ne discute pas.
« Et nous alors ? » demande Pierre.
« Vous irez avec mes cousins et Matthieu où Je vous enverrai et vous serez de retour en soirée. Jean, Simon, Barthélémy et Philippe resteront avec Moi. Pour tout dire, ils iront annoncer à Béthanie que le Rabbin est en route et qu'Il s'adressera au peuple à la neuvième heure. »
Ils traversent rapidement la campagne aride, conscients d'un orage imminent, pas dans le ciel dégagé, mais dans leur cœur. Ils se déplacent en silence.

Lorsqu'on vient de Jéricho, la demeure de Lazare est l'une des premières maisons à l'entrée de Béthanie Jéricho. Quand ils arrivent à Béthanie, Jésus demande au groupe d'aller à Jérusalem (Gethsémani). Il envoie ensuite le deuxième groupe vers Bethléem, en disant :
« Allez et ne vous inquiétez pas. À mi-chemin, vous rencontrez Isaac, Elias et les autres. Dites-leur que Je serai à Jérusalem pendant plusieurs jours et J'envisage de les bénir. »

Entre-temps, Simon frappait à la porte et on lui a ouvert. Les serviteurs préviennent Lazare qui arrive sur le champ. Judas Iscariote qui avait quelques mètres d'avance revient vers Jésus avec une excuse : « Je T'ai déplu, Maître. Je m'en rends compte. Pardonne-moi ». Tout en parlant, il lance des regards dans le jardin et la maison à travers le portail ouvert.
« D'accord. Ça va. Allez. Ne fais pas attendre tes compagnons. » Et Judas doit y aller.
« Il espérait un changement d'instructions », murmure Pierre.
« Jamais, Pierre. Je sais ce que Je fais. Mais supporte cet homme... »
« Je vais essayer. Mais je ne peux rien promettre... Au revoir, Maître. Venez, Matthieu et vous deux. Vite. »
« Que Ma paix soit toujours avec vous. »

Jésus accompagne les quatre autres disciples.
Il embrasse Lazare, il présente Jean, Philippe et Barthélémy avant de les faire partir pour rester seul avec Lazare.
Ils se dirigent vers la maison sous le beau porche de laquelle se trouve une femme, Marthe. Marthe est basanée et grande de taille, bien que pas aussi grande que sa sœur blonde, rose. Mais elle est une belle jeune femme avec un corps bien en forme, équilibrée, dodue et une petite tête foncée avec un front brun lisse. Ses yeux doux, foncés, de forme allongée sont aimables et aussi doux que le velours entre les cils de couleur sombre. Son nez est légèrement en piqué et ses petites lèvres sont très rouges contre ses joues sombres. Elle sourit, dévoilant des dents fortes blanches comme neige. Sa robe en laine bleu foncé a des garnitures de couleur rouge et vert

autour du cou et au bout des amples courtes manches desquelles se déroulent deux autres manches fait d'un très beau tissu en lin blanc qui est attaché et plissé aux poignets par un petit cordon.
Sa belle blouse blanche est visible au haut de sa poitrine et autour de la partie inférieure du cou, où un cordon la serre. Un foulard de toile fine bleu, rouge et vert sert d'une ceinture. Il est noué autour du haut de ses hanches et pend à son côté gauche dans une touffe de franges. Sa robe est riche et chaste.
« J'ai une sœur, Maître. La voici, Marthe. Elle est bonne et pieuse. Elle est la consolation, l'honneur de la famille et la joie de ce pauvre Lazare. Autrefois, elle était ma première et seule joie. Maintenant elle est la seconde parce que Tu passes en premier. »
Marthe se prosterne au sol et embrasse l'ourlet de la tunique de Jésus.
« Que la paix soit sur l'aimable sœur et la femme vertueuse. Lève-toi. »
Marthe se relève et elle pénètre dans la maison avec Jésus et Lazare. Puis elle s'excuse pour s'atteler aux tâches de la maison.
« Elle est ma paix... », murmure Lazare en regardant Jésus d'un regard curieux, mais Jésus prétend ne pas le voir.
« Jonas ? » demande Lazare.
« Il est mort. »
« Mort ? Alors... »
« J'étais avec lui quand il était en train de mourir. Mais il est mort en homme libre et heureux dans ma maison, à Nazareth, entre Moi et Ma Mère. »
« Doras l'a pratiquement achevé avant de Te le laisser ! »
« Oui, par la fatigue et aussi les coups. »

« C'est un démon. Il Te hait. Cette hyène hait le monde
entier... Ne T'a-t-il pas dit qu'il Te détestait ? »
« Oui, en effet. »
« Méfie-Toi de lui, Jésus. Il est capable de tout,
Seigneur... Qu'est-ce que Doras T'a dit ? Ne T'a-t-il pas
dit de m'éviter ? Ne T'a-t-il pas dépeint Ton pauvre Lazare
sous un mauvais jour ? »
« Je pense que Tu me connais assez bien pour
comprendre que Je juge selon Moi et selon la justice,
et que quand J'aime, J'aime sans me demander si
cet amour peut me valoir l'approbation ou le rejet du
monde. »
« Mais cet homme est cruel. Il fait du mal et blesse
gravement... Il m'a tourmenté moi aussi il y a quelques
jours. Il est venu ici et il m'a dit... Oh ! Je me sens déjà si
frustré ! Pourquoi il veut T'éloigner ainsi de moi ? »
« Je suis la consolation de ceux qui sont tourmentés et le
compagnon de ceux qui sont tristes. Je suis venu vous
voir pour cette raison. »
« Ah ! Alors, Tu sais ?... Oh ! Que j'ai honte ! »
« Non, pourquoi donc ? Je suis au courant. Et alors ?
Devrais-Je te maudire alors que tu souffres ? Je suis
Miséricorde, Pardon, Paix et Amour pour tout le monde.
Et que serais-Je envers ceux qui sont innocents ? Le
péché pour lequel Tu souffres ne t'appartient pas. Me
montrerais-Je impitoyable envers toi si J'éprouve de la
compassion pour elle ? »
« L'as-Tu rencontrée ? »
« Oui. Ne pleure pas. »
Mais Lazare, sa tête appuyée sur ses bras croisés sur la
table, pleure, sanglote avec beaucoup de peine.
Marthe apparait au seuil de la porte et regarde dans
la pièce. Jésus hoche la tête pour lui faire signe de ne

rien dire. Et Marthe s'en va, de grosses larmes perlant silencieusement sur les joues.

Lentement, Lazare s'apaise et s'excuse pour sa faiblesse. Jésus le console et comme son ami souhaite se retirer un instant, Il sort dans le jardin pour se promener entre les parterres de fleurs où quelques roses mauves éclosent encore.

Marthe L'y rejoint peu de temps après.

« Maître, Lazare T'a-t-il parlé ? »

« Oui, Marthe, il M'a parlé. »

« Lazare ne peut pas trouver la tranquillité d'esprit, car il est conscient que Tu sais et que Tu as rencontré son... »

« Comment le sait-il ? »

« Tout d'abord, l'homme qui était avec Toi a dit être Ton disciple. Je parle de celui qui est jeune, grand, basané et rasé de près... Et puis il y a Doras. Doras s'en est pris à Toi avec mépris. Le disciple a tout seulement mentionné que Tu l'avais vue sur le lac... avec ses amants... »

« Ne pleure pas pour ça ! Penses-tu que Je ne connais pas ta douleur ? J'étais au courant puisque J'étais avec le Père... Ne perds pas courage, Marthe. Élève ton cœur et relève la tête. »

« Prie pour elle, Maître. Je prie... mais je ne peux pas complètement pardonner, et il se peut bien que le Père Eternel rejette ma prière.»

« Tu as raison : tu dois pardonner pour être pardonnée et entendue. J'ai déjà prié pour elle. Mais donne-moi ton pardon et celui de Lazare. Une sœur aussi bonne que toi peut parler et accomplir bien plus que moi. Sa blessure est trop fraîche et douloureuse pour que Je puisse le toucher, même légèrement. Tu peux y arriver. Donne-moi ton pardon total et saint, et Je vais... »

« Pardonner... Nous n'y parvenons pas. Notre mère est

morte de chagrin à cause de ses mauvais actes et... ils étaient toujours légers par rapport à ceux de maintenant. Je vois la torture de ma mère... elle est toujours présente en moi. Et je ne vois pas ce que doit endurer Lazare. »
« Elle est malade, Marthe, et folle. Pardonne-la. »
« Elle est possédée, Maître. »
« Et qu'est-ce une possession diabolique si ce n'est une maladie de l'esprit infecté par Satan pour le faire dégénérer en un être spirituel maléfique ? Comment pourrait-on autrement expliquer certaines perversions des êtres humains ? Ces perversions rendent l'homme plus féroce qu'une bête, plus obscène qu'un singe. Il en ressort un être hybride à la fois homme, animal et démon. C'est l'explication de ce qui nous étonne, car il y a une monstruosité inexplicable dans si tant de créatures. Ne pleure pas. Pardonne. Je vois. Parce que Ma vue est plus nette que celle de l'œil ou du cœur. Je vois Dieu. Je vois. Je te le dis : pardonne parce qu'elle est malade. »
« Guéris-la, alors ! »
« Je la guérirai. Aie la foi. Je vous rendrai heureux. Mais pardonne et dis à Lazare de pardonner. Pardonne-la. Aime-la. Fais la paix avec elle. Parle-lui comme à l'une de vous. Parle-lui de Moi... »
« Comment peux-Tu t'attendre à ce qu'elle Te comprenne, Toi qui si Saint ? »
« Elle peut avoir l'air de ne pas comprendre. Mais Mon Nom à lui seul est le salut. Fais-lui penser à Moi et mentionner Mon Nom. Oh ! Satan s'enfuit quand un cœur pense à Mon Nom. Souris, Marthe, devant cet espoir. Regarde cette rose ; la pluie des derniers jours l'avait endommagée, mais regarde. Le soleil l'a ouverte aujourd'hui et elle est beaucoup plus belle parce que les

gouttes de pluie sur les pétales l'ornent de diamants. Votre maison sera comme ça... Larmes et chagrin pour le temps présent, mais plus tard... joie et gloire. Va ! Parle à Lazare tandis que Moi Je prierai le Père pour Marie et pour toi dans la quiétude de votre jardin... »

www.ingramcontent.com/pod-product-compliance
Lightning Source LLC
Chambersburg PA
CBHW070608050426
42450CB00011B/3020